# 3岁开始的思维力培养

[日] 久野泰可｜著

高 翼 陈毅立｜译

广西师范大学出版社

·桂林·

著作权合同登记号桂图登字:20－2018－185号

## 图书在版编目(CIP)数据

3岁开始的思维力培养／(日)久野泰可著,高翼,陈毅立译.—桂林:广西师范大学出版社,2020.9 (2021.4重印)

(久野泰可经典著作)

ISBN 978－7－5598－2746－3

Ⅰ.①3… Ⅱ.①久… ②高… ③陈… Ⅲ.①学前儿童－思维能力－能力培养 Ⅳ.①G613

中国版本图书馆CIP数据核字(2020)第051368号

3岁开始的思维力培养
SANSUI KAISHI DE SIWEILI PEIYANG

出 品 人:刘广汉
总 策 划:东方小熊教学研究院
策划编辑:李　梅
责任编辑:孙　洁
特约审定:焦一然
装帧设计:张　猎　李婷婷

广西师范大学出版社出版发行

( 广西桂林市五里店路9号　　邮政编码:541004 )
( 网址:http://www.bbtpress.com )

出版人:黄轩庄

全国新华书店经销

销售热线:021－65200318　021－31260822－898

山东韵杰文化科技有限公司印刷

(山东省淄博市桓台县桓台大道西首　邮政编码:256401)

开本:890mm×1 240mm　1/32

印张:7　　　　　字数:150千字

2020年9月第1版　　2021年4月第2次印刷

定价:39.00元

# 浅谈"久野教学法"

中国的读者朋友们，大家好。我是"久野教学法"的创始人久野泰可。我自大学毕业以来开始从事幼儿教育事业，至今已有48年，现在依旧工作在教育一线，致力于教学研究和教材开发。根据常年在教育一线实际与孩子接触积累下的经验，我开发了独创的"久野教学法"以及相关的一系列教材、教具，并实际将这一套理论体系运用到了教学实践中。

包括日本在内的很多国家，主流的早期教育往往以被动填鸭式居多，但是这样的教学法是无法培养孩子的思考能力的。我开发的"久野教学法"与这样的教学法有本质区别，"久野教学法"提倡促进孩子与事物之间的互动，给予孩子足够的尝试和犯错的空间，引导孩子通过实践理解事物的本质并且找到正确答案，进而从根本上提升其自主思考的能力。"学科前基础教育""事物教育"和"对话教育"是"久野教学法"重要的三大支柱。

"学科前基础教育"包含自然测量、方位描述、数字概念、图形、语言表达这五大领域。这五大领域涉及的内容并非是将小学阶段学习的学科内容简易化之后下放到幼儿期，而是以学前儿童的日常生活为出发点，从生活和游戏中发展而来，其目的是为今后的学科学习打下坚实的思维基础。"事物教育"和"对话教育"更是"久野教学法"与其他教学法的不同之处，其理论依据来自著名教育学家皮亚杰所提倡的"幼儿的认知能力来源于与事物的关联"这一理论。从老师到学生这样单方向的知识输出并不能培养孩子的自主思考能力，所以"久野教学法"重视"对话教育"也是因为只有通过指导者与被指导者之间的沟通和交流，才能真正引导和培养孩子的自主思考能力。

《3岁开始的思维力培养》由广西师范大学出版社翻译引进，有幸能够与中国的读者见面，我感到非常高兴。本书不仅介绍了"久野教学法"的教学理论体系，还提供了很多具体的学习案例，这些都是我通过多年一线教学经验总结出的。书中还列出了不同年龄段的学习目标供大家参考，不过孩子的发育情况存在个体差异，建议根据具体情况酌情参考。此外由广西师范大学出版社翻译引进的"儿童思维训练365天"系列图书，是以"久野教学法"为理论基础的题集，推荐大家配套使用。

在此感谢广西师范大学出版社集团有限公司的刘广汉副总裁和东方小熊教学研究院的魏海波先生，以及译者高翼和陈毅立，感谢大家的共同努力让本书的中文版顺利出版。希望这本书能够给中国的家长、幼儿教育相关行业的从业者提供有益的信息，希望培养孩子自主思考能力的"真正的早期教育"能够在中国开花结果。

日本幼儿教育实践研究所（小熊会）创始人

久野泰可

# 前　言

　　儿童的学习能力低下是一直以来被日本民众担忧的问题。为了提高儿童的学习能力，社会上不断讨论相应的对策，比如，重新审视"宽松教育"的理念，义务教育延伸到幼儿园[1]等。其中，大家关注比较多的是"适合幼儿期的基础教育"。近年来，一部分托儿所和幼儿园率先开始实施有针对性的幼儿教育。而要求探讨何谓"正确的智育"的呼声也越来越高。

　　长期以来，秉持一种传统观念，我们总是有意无意地回避在幼儿园进行"智育"。如今，我们又反过来开始重新审视以游戏为中心的幼儿园现有的教育方式，在幼儿园实施义务教育构想也是在这样的背景中应运而生的。回顾迄今为止的讨论，大家关注的更多是制度上的问题，有关幼儿期的教育方法和教育内容的讨论还未能深入。

　　我长年从事幼儿教育，工作在教育第一线。以我之见，进行教育制度改革时，如果缺少和一线教师的沟通交流，很有可能会引起实际教育中的混乱或引发新的矛盾。

　　从1972年开始至今，作为一名从事幼儿教育的教师，我在教育第一线工作了近50年，教过许多孩子，也直面过一些如"幼小衔接"等现实需求的问题。为了解决这些问题，我们努力通过平时的日常指导，意图对"适合幼儿期的基础教育"进行研究。

　　与倡导越早教育越好的"提前教育"不同，为了让孩子进入小

---

　　[1]编者注：日本义务教育年段与中国相同，指小学加初中，共9年。

1

学后从容地开始各学科知识的学习，我们一直在思考"究竟应该让孩子掌握什么样的学习内容""通过什么样的方法，才能培养孩子的基本学习能力"这两个问题。

在日常的课堂教学实践基础上，我们总结出一套"学前基础教育"的思维方法，即以事物教育和对话教育为中心来培养孩子的思维能力。

在刚开始接触幼儿教育的时候，我读了索尼公司的井深大先生所写的《幼儿园教育晚矣》一书，深受启发。该书把"三岁看老"作为标语，掀起了幼儿教育的高潮。今天，对学习能力低下的担忧，再一次掀起了幼儿教育的高潮。

另外，如果以"学习什么，如何学习"作为出发点来审视当今的教育，我们会发现精英教育的理念并不正确。但是，我也并不认为如今的幼儿教育是一种适合孩子的、成熟的方式（包含精英教育在内）。虽然大家都已经意识到在幼儿期需要进行有针对性的教育，但是采用什么样的教育方式，教授什么样的内容，涉及这种具体的问题时，还是众说纷纭，无法统一。

在私立幼儿教育机构林立的东京地区，无视"幼小衔接"需求的、纯教育的机构是很难生存的。刚开始从事幼儿教育那会儿，我认为幼小衔接和基础教育是不同的东西，甚至一度把针对幼小衔接的训练和充实基础知识的内容区别对待。而如今，对幼小衔接能力评估不仅是智力知识方面的准备，更侧重思维能力的准备。

而且，我们发现，"幼小衔接"需要孩子具备的能力，正是我们从一开始进行教育实践时所追求的逻辑思维能力。

直至今日，我们仍然秉承"孩子在幼儿期一定要进行基础教育"这一信念，每天都对孩子进行思维训练。通过大量的教育实践，我总结经验教训，从而写成了这本《3岁开始的思维力培养》。

　　本书由七章内容构成。除了第一章进行整体介绍外，还有六章：第二章"从基础教育讲起"，是为什么在幼儿期必须进行智育的自问自答，是我把自己曾经考虑过的问题连同得出的答案总结在一起的内容。第三章到第七章是我们在四十年教学实践成果基础上形成的"幼儿期基础教育"的中心内容，包括自然测量、方位描述、数字概念、认识图形、语言表达这五个领域，主要讨论"幼儿期为什么要进行学习""进行什么样的学习比较好""通过这样的学习可以提高什么样的学习能力"这些问题。

# 目　录

# 第1章

## 理想的幼儿基础教育

孩子从出生的瞬间就开始有认知世界的智力活动，所有教育必须符合孩子的成长阶段。

# 摒弃"宽松教育"宣言

2006年2月9日，《朝日新闻》报纸上刊登报道，内容大致为：接下来，在考虑制定学习指导纲领时，会将重点放在"表达能力"上，把扎实提高学习能力定位为教育的基础。这也被社会视为将从根本上对学习指导纲领进行修改。而作为现行学习指导纲领的基本内容——"宽松教育"，被认定是招致"学习能力低下"的"罪魁祸首"，频频遭到大众的指责。

此前，日本文部科学省在"宽松教育"的方针下，或将原有的学习内容进行大幅度删减，或将学习内容向后推延，极大影响了教育的质量。此举招致大众的一致反对，文部科学省被迫中止了方针，并对现行指导纲领进行修改。这无疑说明了先前决策的失误。另一方面，在"宽松教育"的方针下，教育一线的教师们每天都在苦思"究竟该教什么，怎么教"，想必看到这一更改之后都拍手称快。

所谓"宽松教育"，其本质究竟是什么？这在日本文部科学省相关工作人员的眼中非常简单，"宽松教育"即"减少学习时间和内容，轻松学习"。明眼人都知道，这答案大错特错。因为他们根本就不知道教育第一线的情况，也不了解学生的学习现状。真正的"宽松教育"只有在所有学生都扎实地掌握基本的学习能力之后才有可能实现。在学生还未形成学习能力之前，就将原本基础的学习内容随意地进行删减，这无疑是错误的做法。比如，因为计算烦琐，就把圆周率从 3.14 变为 3，这就是不了解教育原则的外行的决定。相关的小数点计算的确很难，但正确的做法是想办法让所有的学生都能理解其相关的计算方法，而不是将困难删除、抹去。教育第一线的教师需要花时间钻研如何去教，这样才能让孩子掌握基本的学习能力，最终做到"宽松教育"。

中学阶段的综合教育可以说是典型的"宽松教育"。在中学阶段，英语教育、社会活动加上计算机教育，构成了全部的学习内容。而真正培养学生基础学习能力的课程却鲜为一见。事实上，由于学生的基础能力良莠不齐，学习起来并不轻松。在"宽松教育"的名义下，这种学生能力参差不齐的现实却被掩盖了起来，这样的教育终究是无法长久的。如今，很多公立学校里发生的情况和当初文部科学省所希望达到的目标背道而驰，也是由这个原因造成的。

最让我不可思议的是，一方面，大家都感觉到了现行教育的问题，口口声声叫嚷着"基础能力太差，应该加强"，而另一方面，围绕幼儿教育的相关探讨却迟迟未见深入。究其原因，一方面，现在讨论教育的大部分人都没有深入研究过幼儿期教育。另一方面，日本传统的旧观念难辞其咎。在大众看来，真正的"知识教育"是从小学开始的，进入小学以后，会自然而然地掌握这些知识。过去常说："进入小学之前，小朋友只要会写自己的名字，会数数就可以了。进入小学后，大家都从同一起跑线开始，所以学习等进入小学之后再开始吧。幼儿园阶段，小朋友只要愉快地玩就行了。"不仅是幼儿园这么说，小学也在这么说，大家往往就这么相信了。

但是我在这里要问一个问题："为什么所有的孩子在进入小学时，就站在同一起跑线上了呢？"

我的答案是："进入小学时，所有的孩子不可能在同一起跑线，非但不可能，而且互相之间的差距巨大。"这是我从开始接触幼儿教育一直说到现在的一句话。这种差距非但不会缩小，反而会逐渐拉大。事实上，所谓差生、跟不上学习进度、学习能力低下、高年级学习内容低年级化，造成这一切的原因都在于此。如果真的要让所有的孩子站在同一起跑线上，就不能让他们只是玩，反而要制定正式的标准方针，好好地进行教育，这样才能使所有孩子的水平整齐划一。可是，现行的日本幼儿教育以"游戏"为中心，大家都对"智育"敬而远之。

请大家想一想，为什么"智育"一定要从小学入学这个时间点突然开始呢？其实，人从诞生时就开始了智力活动。我曾经去法国的幼儿园参观学习过，深深地被那儿发生的一切震惊了。我们在小熊会的课程中所进行的数量、图形、语言的训练，在法国，这一切被融入普通的幼儿园的课程中。我开始思考，为什么在日本的幼儿园或托儿所里不能制定统一的标准，正规地进行数量和语言的教育呢？

# 关于学习能力低下的问题

从 1972 年至今，为了"建立幼儿基础教育体系"这个目标，我每天都置身于教育第一线，观察和思考各种各样的事情。现在我已经 72 岁了，但每周仍亲自上课。从学生那儿，我学到很多，并以此为基础不断调整自己的课程教学计划，不断编写新的教材、制作新的教具。可是最根本的问题在于，如果以游戏为中心的幼儿教育的现状不改变，日本的未来堪忧。如何去做？认真思考"幼儿期的智育"这个现在被回避的问题，不断开拓最适合孩子发展阶段的教学内容……我想了很多，并且放眼全世界去寻找答案。在学习了皮亚杰、蒙台梭利、瓦隆、布鲁纳、维果茨基、远山启等专家的理论并进行实践后，我终于开发出了"幼儿期基础教育"这一理念，并开始进行教学实践，一直坚持到今天。

进入小学之后，孩子表现出的学习能力低下的情况，其实从一开始就已经存在了。换句话说，因为孩子从小的成长环境不同，所以一定会产生差距。以此为前提的话，就有很多问题需要讨论。比如，孩子从出生的瞬间就开始有认知世界的智力活动，所以教育也必须符合孩子的成长阶段。在哪个阶段让他体验哪些内容？按照哪种模式进行教育？在进入正式学校教育之前，应该让孩子掌握哪些知识？这些都值得我们好好思考。总之，如果没有扎实的基础教育，孩子们肯定无法站在同一起跑线上。

在不断的实践中，我们得出了经验，对 3—6 岁的孩子可以进行适当的教育。在分析观察欧美多个国家的幼儿教育后发现，我们正在做的这种有目的的教育，在这些国家，是在幼儿教育机构中普遍实施的，是再正常不过的幼儿教育。而在日本，正因为幼儿园或托儿所的经营者们观念陈旧，这种有目的的"智育"一直被"敬而远之"。此外，在一线工作的教师的意识也需要改变。

有目的的教育等于填鸭式教育、应试教育，这种偏见普遍存在。事实上，有很多家长希望自己的孩子接受一些有目的的教育，但是，幼儿园或托儿所却无法满足这些要求。其实，我一直抱有些许期待：目前，随着越来越多的女性进入社会工作，承担照顾孩子任务的托儿所也在不断增加，或许会有不被陈旧观念束缚的幼儿园或托儿所的经营者会创造性地进行一些新的尝试；或许，日本的幼儿教育会从托儿所开始改变，从而也影响并改变如今幼儿园的现状；又或许，会有和我们抱有同样理念和想法的年轻经营者出现，他们能在现行的基础教育中加入"智育"，以此来充实、加强幼儿教育的内容。

但是，只改变教育制度是无法改变教育本身的。教育第一线的教师的意识不改变，很难说教育会出现什么变化。如今，社会又开始讨论是否将入学年龄降低一岁。我觉得，在这之前，先解决"幼儿教育应该教授什么内容"才是最紧要的问题。

# 培养逻辑思维能力

日本著名教育家远山启先生以他在学校的实践为基础，总结出版了《数学的第一步》（日本国土社出版）。书中提出了"原数学""原语文"这些概念。我们把这种概念融入"幼儿期基础教育"中，在日常的教学中反复实践，通过实践进一步总结经验，不断开发完善教材和教具，这就是我们在一线教学的日常。

没有任何模板，我们完全按照孩子成长阶段的需要和进入小学后所需的基本思维方法设计教案。我们始终都在考虑：通过什么样的方法，把什么样的内容教授给孩子……就这样经历了48年不间断的试错过程。我们如此坚持的初衷只有一个——希望孩子能够具备和年龄相符的生活经验，并且掌握将来学习中所需要的逻辑思维能力。

这种"逻辑思维能力"才是当今我们思考讨论日本孩子学习能力问题的关键所在。学龄前的孩子还不具备理解抽象符号化的逻辑思维能力，但并不妨碍他们通过具体物品（实物）来理解事物的逻辑规律。不夸张地说，是否能让孩子掌握这种"逻辑思维能力"是幼儿教育中最重要的问题。

培养孩子逻辑思维能力的要领：

（1）是否能够通过不同的角度来观察事物。

（2）是否能够回到原点来思考问题。

在我们的班级，以及我们给孩子进行的成长度测试中，经常涉及"数量的保存"从四个方向观察"改变角度进行分类""数量的交换"等类型的难题，往往都需要孩子具备上述两种能力。而且，培养孩子的逻辑思维能力必须让他接触实物，并且给予一定的试错时间。灵活的思维能力绝不是靠书面学习就可以掌握的。

# 幼小衔接必备的逻辑思维

不得不说，如今中小学都非常重视对逻辑思维能力的培养，不仅是数学，语文的解读及语言描述也是十分重要的内容。但令人吃惊的是，这样的趋势也开始体现在幼小衔接中。

比如下面的"理解故事内容"，看似是个简单的故事，但其中蕴含了非常典型的逻辑思考，让我们一起来看一看。

> 冬天临近了，狐狸科纳和妈妈一起去买帽子和围巾。妈妈带了 9 个果子。它们去了羊奶奶的毛线店。羊奶奶正在店门口织东西，科纳问："您在做什么？"羊奶奶回答说："我正在给小牛做披肩。因为即使是寒冷的冬天，小牛也准时给我送牛奶。"
>
> 科纳买了围巾和帽子。帽子是红色的，围巾为了和帽子搭配也选了红色。围巾上面有太阳的图案；帽子上面有月亮的图案，还有一个毛球。科纳看了之后说："很漂亮。"羊奶奶告诉科纳："这是用兔子尾巴上的毛做的哦。"
>
> 妈妈给了羊奶奶 2 个果子，羊奶奶给了科纳一双织有星星图案的手套。羊奶奶说："这个送给你。戴着它去玩雪哦。"科纳说："谢谢奶奶，我会戴着手套堆很

多雪人的。"

之后妈妈又去了小熊甜品店。门口写着"特价"的字样，下面还写着："无论买多少东西，只收取 2 个果子。"进入店里，小熊不在，只有小猫在。科纳问道："小熊去哪儿了？"小猫回答说："小熊正在为冬天做准备，现在很忙。所以我是来帮忙的。"科纳买了饼干和蜂蜜派。妈妈每样都给了小猫 2 个果子。但是小猫说只要 2 个就够了，又还给了妈妈 2 个果子。

寒风吹来，冬天真的要来了。

**问题：**

（1）它们最后剩下了几个果子呢？请画出此数量的〇。

（2）请把故事中出场的动物画上〇，把对话中提到的动物画上×。

（3）围巾、帽子、手套上面各有什么图案？请进行连线。

（4）请把和这个季节相关联的物品画上〇。

这种"理解故事内容"无论在日本哪个幼小衔接的思维能力测评中都会出现。题目后出现的问题大致有四个典型类型：① 出场人物；② 顺序；③ 数量；④ 出场人物的行为。所谓数量，指的并不是数量的运算，而是记住故事中出现的数量。近来，很多思维能力测评中编入了我们在日常教学中所涉及的"关系推理""地图上的移动""我是谁"等类型的问题，这些并不是语言理解领域的典型问题。甚至还会编入"数量操作"这样高难度的问题。通过这样的问题，可以考查孩子的什么能力呢？让我们来进行具体分析。

问题一共有四个，第一个问题"剩下几个果子"和第三个问题"围巾、手套、帽子上的图案"这两问并不是很难。但是第二个和第四个问题需要开动脑筋好好想一想。

第二个问题是关于出场人物的问题。其中的难点是要区分故事中出场的动物和只在对话中涉及的动物。以前的测评中，关于出场动物的问题，要么是在故事中出现的，要么是对话中提及的，但是这次的问题则是需要清楚地将两者区分。仔细听清狐狸科纳和妈妈一起去买围巾和帽子的相关对话后，我们就能发现，实际上和它们进行对话的是羊奶奶和看店的小猫，而小牛、兔子和小熊只是在对话中出现的动物而已，如"我正在给小牛做披肩，因为即使是寒冷的冬天，小牛也准时给我送牛奶""这是用兔子尾巴上的毛做的哦""小熊正在为冬天做准备，现在很忙。所以我是来帮忙的"。

清晰理解题目中的对话内容之后，才能回答相关的提问。这个问题要求的不仅仅是记住对话中的内容，还必须要理解对话的内容。按照经验，追问"为什么"的时候，如果不能完整地回答理由，孩子是找不出这类问题的正确答案的。

第四个问题是针对故事中的季节进行的提问，像这样与季节相关的问题经常出现。这个题目的难度在于如何理解故事中出现的时间表达方式。对于这个提问，做过的孩子大部分都是回答

"冬天"，但是如果能准确理解"冬天临近了，狐狸科纳和妈妈一起去买帽子和围巾"这句话，以及"寒风吹来，冬天真的要来了"这句话的内容，应该就能找到答案，是冬天之前的季节——秋天。这道题主要就是考查"冬天"这个词所使用的上下文语境，换句话说，要能理解这两个句子的含义。关于时间类的问题，考查的是孩子的逻辑理解能力。我们必须认清这个事实，对于故事内容的理解与否，能够充分说明孩子逻辑理解能力的强弱。

提到逻辑，很多人想到的是数学中对应用题的解答等，而像上述使用"理解故事内容"来考查孩子的逻辑思考能力的类型，我也感觉有些吃惊。这种提问背后一定有相应的能力培养要求，如果忽视了这些，就无法找到有效的对策。反之，从这个角度用心研究的话，就会有许多新的发现。比如，在语文中也融入了提高孩子逻辑思考能力的教学方式。

我手里有一份某中学研究发表会的资料，标题是"提高逻辑思维能力的相关指导以及评价研究"，主要是针对中学二年级教科书中的"写出你的看法"这个单元的教研活动内容[1]。至于为什么要设定这一单元，在说明中有一段文字："语文学科所要求的是对语言的学习。我们的生活中存在着大量信息，这些用语言表述的信息是十分重要的。但是，实际情况是，如果要求把自己的想法、建议写下来，并且讲给其他人听，许多学生就会觉得特别困难……"材料中还提出了需要孩子养成的八项能力，其中包含

---

[1]编者注：日本中学语文教育培养目标与中国义务教育第四学段（7—9年级）培养目标基本相同。内容详见《义务教育语文课程标准》p.14—p.16。

了如下的观点。

🖉 能有效地向对方陈述自己的意见，有条理地摆明事实，有逻辑地写下自己的观点。

🖉 准确理解作者的写作逻辑，有助于自己理解内容以及进行语言表达。

上述这几点虽然是中学语文能力的要求，但我认为同样适用于小学的语文学习，值得讨论和尝试。

在重新审视"宽松教育"带来的"学习能力低下"问题时，往往会产生一种危机意识。而这给我们提供了一个从不同角度来思考日本教育状态的好机会。人们往往会把学习能力低下的原因简单归结为没有练成阅读、书写、计算等扎实的基本功，或是提倡应该重新开始过去的填鸭式的背诵教育，等等，各种意见争论不休。电视上播出的关于教育的讨论节目中，各界著名人士也会有诸如上述的发言，如之前提到的，建议将就学年龄提前一年，让五岁的孩子提前一年学习六岁的知识，如此荒谬的言论也比比皆是。

论及幼儿期教育的问题时，很多人往往会借讨论"学力低下"的机会来恢复所谓的"精英教育"。我认为，如果按照正确的理念展开精英教育，倒也未尝不可。但是，如今在日本，比起关注精英教育的内容本身，更多的家长偏向于关注"如何更快地掌握更多知识"，这也是个误区。例如，四岁的儿童可以掌握小学三年级的计算……诸如此类。很多家长仅仅关心掌握知识时间的早晚，却忽略了孩子是否具备了相关的逻辑思维能力。在这样的前提下，所谓的"精英教育"已经退化为填鸭式的讲授，导致反复的训练及背诵等。毋庸置疑，这种精英教育无法真正培养孩子创造新事物的能力。

　　的确，提高计算能力十分重要，识记大量文字、背诵九九乘法表也十分重要。但是，仅仅以此为目标就令人不解了。计算再快也无法培养数学的逻辑思考能力；不管记住多少字，也无法写出有条理的文章，错误的"精英教育"只会浪费孩子的天赋。

　　所谓聪明，指的是会条理分明地思考，灵活变通地处理各种问题的能力。光靠知识灌输、死记硬背是无法培养逻辑思维能力的。只有让孩子自己来解决问题，才能迈出能力培养的第一步。

# 第2章

## 从基础教育讲起

光靠知识灌输、死记硬背无法培养逻辑思维能力。只有让孩子自己解决问题，多体验、多尝试，才能迈出能力培养的第一步。

## 换个角度看问题

小熊会经常给孩子进行成长度测试。每次统计测验结果时，经常会碰到这个问题：孩子不会做守恒类的题目，怎么办才比较好呢？在全套成长度测试中，此类的题目有相当大的分值，会不会做这类题目与最后的得分息息相关。因此，能力测评结束之后，家长也会让孩子反复练习同样的问题。但是，即便在家练得滚瓜烂熟，在下一次测试中，题型变了，问题的内容变了，很多孩子仍然无法做出来。这样的例子比比皆是。

其实，这类问题是认知心理学家皮亚杰在对人的思维发展阶段进行考查时，设计的一种重要的测试类型。例如，下述问题。

（1）在同样大小、形状的杯子中倒入水。在确认是同样的水量之后，把其中一个杯子中的水倒入另一个细长的杯子中。然后，比较原来的杯子 A 和转移之后的杯子 C 中的水量，提问哪一边比较多，哪一边比较少（见图 2-1）。

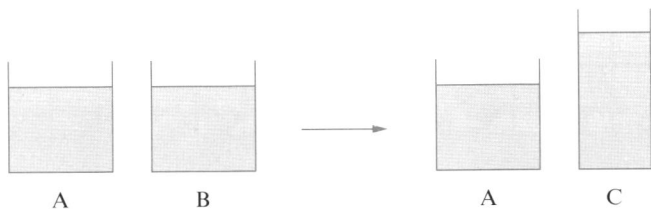

图 2-1　比较水量

遇到这样的题目，大多数的孩子一开始都会认为杯子 C 中的水比较多。问他们为什么的时候，孩子们都会自信地回答："是因为杯子变高了，所以水多了。"而能够回答正确的孩子，一般都会这样说："因为一开始一样多，所以就算倒入另外一个杯子中也不会改变。"或者会回答："把水倒回原来的杯子中，仍然是一样的。"

那些认为细长杯子中的水比较多的孩子是因为他们把注意力全都集中到了杯子的高度上，却没有注意到杯子变细了这一点。仅仅是注意到了视觉变化最大的"高度"，所有的注意力都集中于此，所以就会得出结论"因为杯子变高了，所以水量就多了"。

（2）使用黏土制作同样大小、形状的"饭团"。首先让孩子确认黏土的量是一样的。然后把其中一个"饭团"压平。之后让孩子判断原本的"饭团 A"和压平的"饭团 C"哪一个量比较多（见图 2-2）。

图 2-2　比较黏土的重量

关于这个问题，回答压平的"饭团 C"比原本的"饭团 A"的量更多的答案很有趣。很多孩子回答："因为压平的'饭团'变大了，所以吃起来也就多了。"但是这样思考的孩子没有注意到，"饭团"压平之后面积变大的同时也变薄了这一事实。这样的孩子把自己的注意力都集中到了变大的面积上。和上一道题目一样，能说出正确答案的孩子说出的理由是"因为只是压平了，多少没有变"或者"因为一开始是一样的量，所以回到原来的样子还是一样的"。

再看下面一题，仍然是相同的问题类型。

（3）在同样形状、大小的杯子中倒入分量相同的水，让孩子确认水量相同之后，把一个杯子里的水分别倒入 C 的三个杯子中。然后，把原本杯子 A 中的水和倒入三个小杯子 C 的全部的水进行比较，向孩子提问哪边杯子中的水比较多（见图 2-3）。

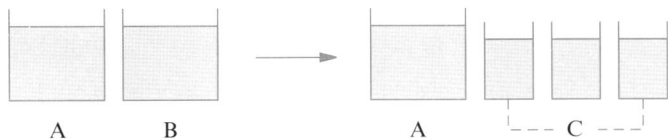

图 2-3　比较水量

容易出现的错误答案是认为 C 杯子中的水比较多。在这个问题中，也有孩子回答 A 杯子中的水比较多。后者有可能观察到 C 的三个杯子比较小，所以认为 A 杯子中的水比较多。我们可以发现，认为 C 的三个杯子中的水比较多的孩子，大部分理由是"因为 C 有三个杯子，所以水多"。能够说出正确答案的孩子会说出如下理由："只是把水倒入了 C，水量不会改变。""即使是三个杯子，可是水倒回原来的杯子里还是一样多。"

这就是"量的守恒"题目里的三种经典题型。此类题目在每次的成长度测试中都会出现，因为我们不仅仅是为了出题而出题，更重要的是想了解孩子是如何形成逻辑思维能力的。所以，这种题目并不是反复练习就能轻易解决的。

这类问题中，比起答案，我们更重视孩子解释的理由。例如，（1）的水量转移问题，针对这样的问题反复进行练习，即使让孩子都回答"水量相同"这个答案，但是面对像（2）这样的黏土实验，及（3）这样分割后数量总量不变的问题，孩子们仍然会不知所措。总之，没有掌握看问题的角度和思维方法的话，就无法解决多变的问题。那么孩子需要掌握什么样的能力，如何做才能解决问题呢？通过错误答案，我们发现，做错的孩子往往会把注意力集中在改变最明显的那一方面："水面高了水就增加了。""面积大了量就增加了。""数量多了就增加了。"……一方面，的确需要孩子们具备能够把改变最明显的一面找出来的能力。另一方面，变化不明显的一面，比如，"容器变细了""变薄了""杯子变小了"……我们同样要求孩子去观察。像这样只注意到明显的变化，忽视细节变化的观察方式，是这个时期的孩子思维方式的特征。

皮亚杰把这样的现象称之为"自我中心"，也就是说，看问题比较片面，不具有灵活性。因此，为了让孩子顺利完成此类题目，仅仅是错误地给孩子灌输问题的答案，是无法让孩子理解的。为了让孩子形成灵活看问题的视角，必须让孩子具备多角度、多领域的观察方法。不光是要练习守恒类的题目，更要结合自然测量、方位描述、数量、图形和语言等类型的题目一起进行练习。因为在这些领域中，都贯穿了多角度的思考方式。只有具备了这种能力，孩子才能顺利地完成守恒类题目。不过，这种能力的形成需要相当长的时间。

因此，正如前面所说，像这种守恒类的问题，只会回答"数量相同"是没有用的，能说出为什么相同才是这类问题的关键。

所以，在进行此类训练的时候，有必要经常询问孩子，什么发生了变化，什么没有发生变化等。

　　有些孩子能够回答出（1）的答案，知道是"数量相同"。不过，在询问他们为什么的时候，有些也会回答"因为妈妈是这样教我的"。所以家长应该注意，不让孩子尝试说明理由的话，他们就不会自己去观察事物，也就学不会用自己的语言去说明理由。

# 于"变化"中找到"不变"

在人的认识活动中，发现事物的共通性和差异性是学习的基本能力。即使是语言还未习得之前的感觉运动阶段，也可以通过孩子的行为发现这种特征。大家在抚养孩子的过程中肯定也经历过，例如，孩子会因为抱的方法不同就大哭，用不同的奶瓶就不喝奶，看到不认识的人也会大哭等之类的情况。等到孩子习得语言以后，仔细观察他们的行为，了解他们的想法，就会发现，他们经常会表现出一种寻求"相同"的东西，排除"不同"的东西的行为特征。

小熊教室场景·分类

习得语言并会思考以后，孩子往往倾向于发现"相同"事物："和什么看上去一样。"2—3 岁的时期，孩子会把完全相同的物品认为是"一样"的。如果大小或颜色（物品属性中最容易理解的两项）有区别，则会被认为"不一样"。因此，这个时期，孩子会认为颜色、形状、大小完全相同的东西是"一样"的，只要有一点不同，就是"不一样"的。

当集合的概念开始产生以后，孩子的认识又会发生变化。比如，他们会说，"虽然大小不同，但是红色圆圈没有变，因此是一样的""虽然颜色不同，但是形状相同"。如同这样认识到"有部分不同，其余是相同的"，形成这样的观点后，就初步具备了逻辑思维的雏形。

如果能从"相同"的东西中发现"不同"之处，那就说明孩子已经能够理解不同的物体之间是有共同点的。这种包含"一样"概念的东西，会随着孩子年龄的增长逐步细化，具备了这种认识也就说明他们具备了从多个不同角度进行观察，能从不同的侧面进行思考的能力。同时，也说明他们具备了能从不同的物体中找出共同点的能力。假以时日，就可以形成于"变化"中找出"不变"的能力。

这样的观察方法，在处理守恒类概念时必不可缺。在同样形状、大小的杯子中倒入等量的水，把一个杯子中的水倒入细长的容器中的话，水面会有所变化。比较两个不同容器中的水量的时候，孩子的年龄越小，越有可能回答水面高的容器中的水量多。想要让孩子从这种被表象所左右的思维方式中跳出来，认识到两边的水量是一样多的话，就不能让他们光以水面的高度为中心进行思考，而是要从"容器的粗细是怎样的"或者"在转移到其他容器之前是怎样的"这些水面高度以外的其他角度进行观察思考。

通过这样的过程，孩子内在的思考维度就开始扩展，经历了这些拓展以后，孩子就会逐步形成"无论表象上发生什么变化，水量是不会改变的"这样的认识。

在变化中找出不变，这也是数学的学习中需要孩子具备的思维。左边算式中的部分和右边算式中的部分用等号相连接，把什么东西和什么东西看作是相同的，如此的思维是极其重要的。而这种思维的原点就在于对"一样"的理解。虽然存在差异，但结果却保持相同，如此的逻辑思维也就决定了观察事物的时候，不能仅仅从一个维度，还应从多角度、多领域出发，多方面地认知事物。

从孩子的成长阶段来看，3—5 岁的孩子在理解事物的时候，会出现一段时期固定在一个维度思考的现象。为了让孩子顺利地跳出这种主观的、以自我为中心的思维方式，最重要的就是让他们自己多体验、多尝试、多经历、多失败。

## 亲身体验的重要性

对孩子们而言，他们很期待暑假这种长假期。与此同时，这样的长假也可以增加孩子的体验，是一个发展孩子能力的好时期。通过和自然接触，和人接触，这些平时无法得到的体验可以使孩子们的视野更加宽阔。

偶尔跳出日常的生活，去感受其他，这种体验对生活经验尚浅的孩子来说，会深深地留在心中。这种感觉对我们大人也是一样的，比如，第一次去国外旅行，映入眼帘的每一样东西都是十分新奇的。孩子也是如此，这样一次次的新体验的积累，构成了他们认识世界的基础。

暑假里，去爬山、去海边或是第一次乘飞机、坐高铁，抑或是回故乡去看望爷爷奶奶，无论做了什么，假期结束的时候，每个孩子都是神采奕奕，激动得逢人就说暑假的经历。即便不去远行，摆脱游泳圈在泳池里游泳，尝试骑没有辅助轮的自行车，不管哪一种，都会在孩子的心里留下诸多感受。这些感受积累起来，就可以加深他们对事物的理解，让他们对解决问题更具有信心。对住在城市里的孩子而言，虽然通过电视或者书本知道了很多类似的信息，但是亲自去经历这些的机会实在是太少了。借助长假去弥补一些亲身体验的空白很有必要。

比如，第一次喝到海水，被海水那种又咸又辣的味道所震惊的孩子，对"海"的感受肯定建立在这种体验之上。一口气爬上很陡峭的山坡，气喘吁吁地站在山顶上的孩子，也肯定会加深对"山"的感受。

生活在大都市林立高楼中的孩子，来到乡村，看到田园风光是一种怎样的感受呢？这种田园风光对孩子来说，意义不在于是一种欣赏的风景，而是：跳入小河，感受冰凉的河水；踏入泥田，逮住"蛮横"的小龙虾。如果没有这些，那田园风光就像电视中的画面一样，在眼前一晃而过，转瞬即逝。

想要让一次次的经历累积变成孩子认识世界的基础，只能通过这些亲身体验。同样的风景，从眺望变为体验的过程，孩子的心里一定会产生某种感受，而这些感受就是加深他们认识的原动力。

我认为，作为幼儿期的教育方法之一，以日常生活体验为基础，来进行"事物教育"是非常重要的，而且这种亲身体验能培养孩子强大的认知能力。另外，让孩子尝试错误也十分重要，通过这一过程，可以让孩子自己发现事物之间的逻辑关系。

小熊教室场景·找规律

　　另外，还有一件很重要的事：并不是说让孩子一个人去经历就一定好，孩子和大人共同经历更为重要。乡间的河流中，只有孩子在里面玩，大人在河边休息的话，只能变成一次简单的旅行。大人参与其中，和孩子共同感受，共同体验，共同分享，才能让孩子的体验越来越丰富，想法越来越深刻。如果大人丧失了体会的感觉，也就相当于摘除了孩子成长的种子，让他们丧失了成长的原动力。

# 逻辑思维的基础

幼儿期的基础教育并不是给孩子灌输知识。此外，也不能越级把小学的学科知识作为学习的目标。让孩子牢牢掌握观察事物、思考问题的方法，是进入小学之后进行学科学习的重要基础。在幼儿期应该掌握的"逻辑思维能力的基础"是什么呢？我们考查了学科学习的进度，据此设定了五个领域——自然测量、方位描述、数量、图形和语言，每个领域都设立了训练目标，力图通过这些领域的训练，让孩子更好地掌握逻辑思维的能力。那么，应该让孩子掌握什么样的逻辑思维能力呢？我以近50年的教育经验为基础，归纳出下列十条。

## 1.把握事物的特征

无论是哪个领域，都会有共通的考查角度，其中一点要求就是对事物的特征能把握到什么程度。最经典、最直接的就是通过物体的相同和不同之处来区分物体的题目。除此之外，还有很多其他的类型。例如，让孩子把手伸入袋子触摸物体，按要求取出相应的形状；或者让孩子用语言描述物体的触感，又或者是让孩子画出触摸的物体的形状，等等。还有一类，是快速发现相同形状的物体，或是让孩子把握物体的特征后，正确地临摹出来等。通过比较事物，培养孩子对事物不同之处的敏感度，这对培养以后的学习能力来说是十分重要的。随着年龄的增长，孩子对事物同一性的理解会越来越细化。

## 2. 比较不同的事物

比较事物是生活中必须累积的经验，是理解事物之间关系最基础的能力。孩子对事物的理解比较固定和孤立，很少能对事物进行比较。比如，把 7 张圆形卡片排序，然后指着第二小的红色卡片，向孩子提问："请把比红色卡片大的卡片全部拿出来。"经常会出现孩子拿出从大到小的 3 张卡片，剩下 2 张不拿的情况。问他"为什么"，孩子会回答："因为它们是中等大小的，不是大的。"孩子会在心中把看到的 7 张卡片逐个分类，这些是大的，这些是小的，这些是中等大小的，听到提问"比……大"的情况，他们会去拿那些自己觉得大的卡片。为了打破这种思维惯性，必须让孩子时刻把比较的对象放在脑中，不仅是大、小的概念，还必须让他们掌握"比……大""比……小"这样的概念才行。

自然测量题目中的"比较大小"，数量题目中提出的"多多少个"，关于这些题目的训练，会慢慢让孩子形成比较的意识。此外，自然测量中凡是涉及长度、大小、多少、重量时，从比较角度进行思考也十分重要。而在数量比较中，我们经常使用一一对应的方法，在解答书面题时，把物体一一连线的方法非常有效，这里必须让孩子理解"一一对应"这个关于比较的概念。

## 3. 按要求排列事物的顺序

数量有集合和顺序两个特征。关于数量顺序的思维来自按顺序排列的经验。在自然测量领域中，有针对按顺序排列并且描述顺序的练习，比如，找出"第三大的"。在方位描述中，有针对位置排序并且描述位置的练习，比如，"从下往上第……个"。在语言领域中，有根据前后因果关系按时间顺序排列图画，并编故事的练习。对确立数量概念而言，进行排列事物顺序的训练是必不可少的。

## 4. 分清整体和部分的关系

数量领域中，除了上面所说的顺序以外，还有集合这一概念。数量的集合问题，具体指的是 2 包含 1、3 包含 1 和 2 这样的类型。涉及这种包含理论，有一个非常著名的测试：有 10 个用木头做的串珠，其中 7 个是蓝色的，剩余 3 个是红色的，蓝色的串珠和木头串珠，哪一个比较多呢？

大部分孩子都是回答"蓝色的串珠"。出现这个错误的原因在于，孩子比较部分（蓝色的串珠）和整体（木头的串珠）的关系时，他们只看到了蓝色和红色的串珠。不仅是数量领域，如果无法把握整体和部分的关系，很多方面都会出错误。比如，在图形构成的练习中，按照示例拼图形这类问题，不把整体的形状和部分的特征结合起来看，就无法完成。此外，临摹图形的题目也是如此，必须要把握图形的整体特征和部分特征，并注重描绘顺序。

比如，临摹图形的题目中（见图 2-4），样本给的是一个朝上、一个朝下的 2 个重叠在一起的三角形。也可以看成是 4 个连在一起的小三角形，中间是一个菱形。而解题的时候，根据不同的观察方法，画法也是不同的。如果看到的是 2 个大的三角形，那画的时候，三角形的斜边肯定是笔直的直线。如果看到的是 4 个小三角形，那画的时候，或是先画中间的菱形，或是分别画每一个小三角形，总之，斜边不可能是笔直的直线。熟练地掌握整体和部分的关系，是解决此类问题的关键。

样本　　　　　　　　不同画法

图 2-4　临摹图形

## 5. 多角度地看问题

灵活的思维指的是，不局限于一个观点，从多个角度去看问题。这无论对成人还是幼儿期的孩子来说，都是一种很重要的能力。3—5 岁时期，孩子很容易局限于一个角度思考问题。如之前所说，对守恒类的问题无法得到正确答案的情况，就是受这种思维方式影响的最好例子。在这段时期，必须让孩子学会从不同的角度看问题。

小熊教室场景·多角度观察

多角度看问题的典型题目就是"从四个方向观察"以及"分类"。"从四个方向观察"是让孩子从四个不同的角度观察同一个物体，思考看到的物品是什么样子的。"分类"的题目是让孩子通过不同的分类角度进行同类集合。除此之外，方位描述的练习中也有涉及不同角度的问题，比如，描述从右往左第几个的位置时，反过来问孩子是从左往右第几个；或是以方格上的某个位置为基准，从上下左右四个不同的角度让孩子进行描述等。自然测量中的题目也有，"第……长"的物体同时也可以说成是"第……短"。在家让孩子练习的时候，家长也应该时刻把这点记在心上，随时提问，帮助孩子养成"换个角度"思考的方式。

## 6. 理解事物的相对性

事物的相对性，是之前所说的"多角度看问题"的一种。比如，有 3 个不同大小的圆 A、B、C（A < B < C），B 比 A 大，

但是比 C 小。但孩子看问题往往比较绝对，会主观地给看到的事物定好标签，如"这是大的东西""这是中等的东西"，等等。

回到刚才的问题，如果拿来比 C 更大的 D 时，C 应该如何定位呢？或者把 C 拿走的话，B 应该如何定位呢？此时，孩子往往很容易按照最初主观的大小概念进行定位。一定要让孩子把事物放入相互关联的动态关系中进行理解和把握，也就是理解事物的相对性。比如"请找出比 3 多，但是比 6 少的物体"这样的题目。这是个高难度的问题，需要孩子把前后两点综合起来进行思考。相对性地把握事物，养成"比……更……"的思维方式，对孩子来说很重要。

## 7　掌握逆向思维

在守恒类问题中，那些回答正确的孩子，很多人的答案都是"倒回原来的瓶子中就相同了"。其实，不进行实际操作，只在脑中进行思考也可以想到这一点。但对孩子来说，只有到一定年龄，他们才能掌握这种把时间顺序反过来进行推导的能力。而这种能力也是培养孩子逆向思维能力所不可缺少的。不仅是守恒类问题，编故事的问题中，也需要孩子能从结果逆向推导原因，再编成故事；词语接龙中，需要孩子逆向推导出规律，然后找出第一个词是什么；在数量变化的题目中，需要孩子从剩余的数量推理出吃掉物品的数量；在图形问题中，从进行旋转、位置关系变化后的物品开始，让孩子逆向推导最初的图案是什么朝向，等等。总之，在各种领域中都有需要孩子掌握逆向思考的能力。

## 8. 从总体把握事物

如果问孩子"1"是什么，他们会做出什么样的回答呢？小学高年级的学生，在学习"比"和"比例"的时候，经常会遇到把事物整体作为"1"来解答的题目。这里的"1"并不是一个实际存在的数量，而是每个人在脑中创造出的关系。把事物作为一个整体看待，这种思维方式与数学中的"乘法"息息相关。比如，6 辆汽车的轮胎数量应该是 4 只轮胎乘以 6 辆汽车，而不是 6×4。乘法的式子是以"一份的量 × 几份"这样的形式表达出来的，这种"一份的量"的思维方式很重要，必须让孩子牢牢掌握这样的区分方法。我们给孩子练习的时候，经常使用"一与多的对应"的标题，其实就是这个目的。不仅仅是数量领域的问题，跷跷板"平衡"的问题，涉及"重量关系的一与多的对应"的问题，也都需要使用到这一思维方法。

## 9. 自己发现规律

为了让孩子理解排列和变化的规律，可以让孩子完成一些发现规律的题目，最具代表性的当属图形找规律问题。这类问题中，发生变化的不仅仅是图形，还有位置、方向以及数量等很多不同的要素。理解数量的变化，我们经常使用"魔法箱"的题目——假设物品通过箱子后，按照一定的规律发生了一些变化，这需要孩子从变化后的数量入手来发现这种规律。

例如，图 2-5 所示的问题。

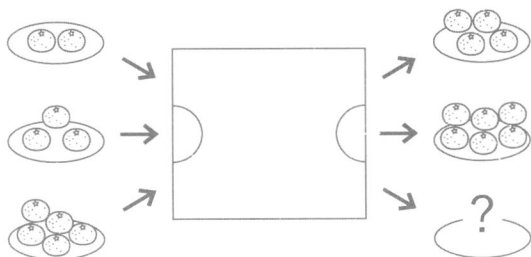

图 2-5　魔法箱

　　放入 2 个橘子就会出来 4 个橘子，放入 3 个橘子就会出来 6 个橘子，那么放入 5 个橘子的话，出来会变成几个橘子呢？如果只看到第一次的变化，可以发现多出了 2 个橘子。但是，接下来出现的橘子数量增加的不是 2 个，而是 3 个。这就出现了"倍数"的情况。但是因为幼儿没有倍数的概念，所以可以告诉他们，增加的数量和放入的数量相等。因此最后的答案不是 7 个，而是 10 个。像"转盘"和"摩天轮"这样旋转推理的问题也是发现规律的一种。在生活和游戏中，像这样的规律有很多，可以通过在实际生活中的经验和体会，让孩子对这些规律更加敏感，更加习惯于去发现。

## 10. 从 A 与 B、B 与 C 的关系中推理出 A 和 C 的关系

　　通过跷跷板比较三者的重量关系，对孩子而言这是比较难的问题之一。除了比较重量以外，还有以速度和比赛为内容的问题。从最近的测评形式来看，不光是有图的题目，还出现了听语言描

述推理关系的题目，例如："比起骆驼的家，小猪的家离车站更近。比起小猪的家，马的家离车站更近。离车站最近的是谁的家呢？此外，最远的是谁的家呢？"

上述是我总结整理的关于逻辑思维的十个要点。这些思维方式，不是局限在某个领域中，而是几乎在所有的领域都需要孩子具备的能力。所以，并不是数量领域就只进行数量练习，图形领域就只进行图形学习，而是应该把这样的思维方式贯穿到全领域的问题中予以练习。到现在为止，我们一直强调仅仅依靠书面题的学习是无法培养出贯穿于所有领域中的逻辑思维能力的，也就是说，只有依靠实物，才能培养出孩子卓越的思维能力。另外，也不应该一味地大人教、孩子学，而是要多角度操作实物，让孩子重复地进行试错，才能让孩子充分掌握逻辑思维能力。

# 第3章

## 培养超强的逻辑思维

幼儿期重要的教育方法之一：以日常生活经验为基础，进行事物教育。这种亲身体验能培养孩子强大的认知能力。

# 量的体验和逻辑的学习

为了让孩子建立对量的概念的基本认知，小熊会特别设置了"自然测量"这个领域，意图让他们有针对性地累积有关量的经验。

这个领域的构思来自"水管式教学法"[1]，是日本著名的教育家远山启先生提倡的算数教学法。远山启先生通过对儿童的教育实践、总结，提倡"将量作为基础逐步形成数学概念"。这种方法的出发点是教那些不擅长数学的孩子学习数学知识，特点是使用瓷砖来进行数量教学。远山启先生提出，在进行小学的数学学科学习之前，应该让孩子形成一种名为"原教学"[2]的思维方式。在他的启发下，我们设置了"自然测量"这个数量领域。

我们沿着远山启先生的思路，使用那些日常生活中常见的概念，包括大小、多少、长度、重量等，通过学习让孩子掌握量的比较、量的相对化、量的排序。在具体的教学实践中，我们深深地感到，作为数学概念的基础，仅仅学习数量并不够，还应该把日常生活中包含数量的事物作为素材，来引导孩子初步建立"逻

[1] 编者注："水管式教学法"是日本数学家远山启在 1958 年提出的一种数学学习理论。它的一个重要特征是使用瓷砖（教具）进行计算，通过使用实际物品进行操作的经验，帮助学习者理解进位、退位的概念，让原本抽象的数和量的概念变为可视的信息。

[2] 编者注："教学"指一般而言的语文、数学，原教学指能够为这些科目学习奠定基础的、最为根本和重要的基础概念。久野泰可不鼓励在学前阶段提前教孩子计算，但非常重视引导孩子体验数和量、理解位置认识空间；不提前教孩子认字写字，但是引导孩子感知语言，注重听和理解，鼓励孩子进行语言表达。

辑"的概念。

认知的开始来自事物和事物的比较，通过比较会发现事物的同一性和差异性，并在此关系中掌握事物的本质，萌生相对化的认识。孩子在看问题的时候，比较容易绝对化，而"量的相对化"是让孩子有意识地认识比较的对象，从而改变绝对的想法。

"量的相对化"具体来说就是，让孩子理解掌握在 A ＜ B ＜ C 的情况下，B 比 A 大但比 C 小这样一系列的关系。然后，把这些数量按照要求进行排序，这就是"量的排序"。从大到小或者从重到轻，通过顺序排列引导孩子认识"第几个"的概念，这就是数学概念中"顺序"概念的雏形。

小熊教室场景·比较重量

事物的比较、相对化、按照顺序排列，这些练习并不仅仅局限在数量的学习中，在其他领域也是非常重要的。特别值得注意的是，必须让孩子学会从相对化的角度看问题，这也是培养逻辑思维能力的关键。

　　我们给大班的孩子制订了以"量的相对化"和"排序"为中心的能力培养计划。而对中班和小班的孩子，则是让他们在游戏中亲身体会量的概念，学会并能灵活运用比较的方法。[3]同时，让孩子掌握用语言描述量也是十分重要的内容。通过亲身体会让孩子分清"大—小""长—短"这样的表达方式，并能用在合适的场合。在具体实践中，我们发现很多大班的孩子对长度和高度都用"大—小"来表达。这也就表明，对中班和小班的孩子而言，掌握不同"量"的恰当的语言表达是很重要的学习目标。

　　此外，在进行比较的时候，要意识到比较的对象，事先让孩子掌握"比……"这样的语言表达。孩子的年龄越小，越能从语言中看出逻辑的问题。

---

[3]编者注：中国《3—6 岁儿童学习与发展指南》中的数学认知目标包括，① 初步感知生活中数学的有用和有趣；② 感知和理解数、量及数量关系；③ 感知形状与空间关系。

# 自然测量练习注意要点

基于我们日常教学的经验，接下来就3—5岁孩子关于量的学习的要点和大家进行探讨。涉及的重点有大小、多少、长度、重量四个方面。通过上述的比较、相对化、排序的方法来构建孩子逻辑思维能力的基础。

## 1. 掌握比较的方法

"大—小""多—少"这些通过比较事物得来的经验，是学习能力的基础。根据比较的量不同，需要改变比较的方法。即便是同类量的比较，有时差异很大，可以直接看出来，有时差异很小，根本看不出来。不同的情况究竟使用哪种比较方法，需要孩子自己学会选择。

比如，有时可以把两个物体重叠起来，或是贴在一起；在比较长度的情况下，把物体的一端对齐，拉直进行比较等，方法是多种多样的。这些都需要孩子通过具体操作去学习掌握。尤其是在不同容器中比较水量的问题，重点是能否想到把水倒入相同的容器进行比较这最关键的一点。可能有些生活经验丰富、会玩耍的孩子很快就能想到这些，但是大部分孩子都缺乏生活经历，会感觉很难。所以，在平时的游戏中让孩子多多积累比较事物的经验是很有必要的。

## 2. 掌握相对化的思维方式

3—5 岁这个时期的孩子经常会主观、绝对化地理解事物。比如，如图 3-1 所示，排列着 10 个不同大小的圆。

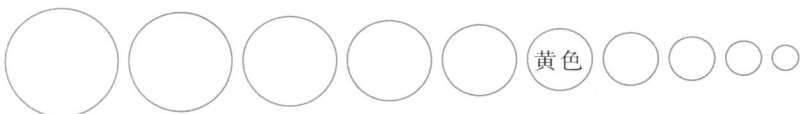

图 3-1　比较大小

问："请把所有比黄色的圆大的圆拿出来。"答案应该是把比黄色圆大的都拿出来。有些孩子只拿出 2 个。问："请把比黄色小的圆全部拿出来。"应该把比黄色圆小的全都拿出来。但有很多只拿出 3 个圆的孩子。为什么会出错呢？

一般来说，孩子在看到 10 个不同大小的圆时，就主观地决定了"这个是大的""这个是小的""这个是中等的"。当被问到"比黄色圆大的"时，孩子并不会以"黄色"圆为基准进行比较，而是会拿自己觉得"大的"圆，"因为是大的所以是这 2 个"。当被问到"比黄色圆小的"时，孩子也不会聚焦在"黄色"圆上，而是聚焦在"小"这个字眼上，会拿出自己感觉"小"的 3 个。为了改变孩子这种主观绝对的概念，学会相对地看问题，就必须让孩子意识并且理解"……比……"这个比较基准。

比如，图 3-2 中有 3 个积木。此时，如何让孩子理解"蓝色比红色大，但比黄色小"这一关系才是问题的关键。所谓相对化看问题的思维方式，就是把事物放入比较的关系中进行把握。要

45

培养孩子的相对化意识，重中之重就是让他们理解比较是相对的。打破孩子主观绝对的概念，关键就是让孩子尽可能通过各种方式时刻意识到有比较对象的存在。

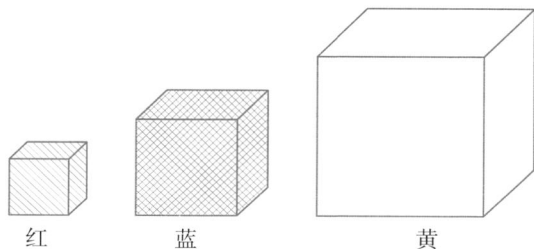

红　　　　蓝　　　　　　黄

图 3-2　比较积木

## 3 学会给量排序

在平时生活、游戏的过程中，很多场合都需要给事物排序。排序得到的经验会直接影响将来数学学习中对顺序的理解。从大到小或从小到大，从多到少或从少到多，让孩子学会按照顺序进行排列很重要。家长可以用 10 个大小不一的纸杯，让孩子玩造宝塔的游戏。一开始孩子不知道顺序，只会随手拿到就搭，在不断试错以后，他们会逐渐发现要按照从大到小的顺序才能搭起宝塔。等孩子熟悉以后，家长可以提问"最大的杯子是哪一个""最小的杯子是哪一个"。之后，可以逐渐增加问题的难度，如"第三大的杯子是哪一个""第四小的杯子是哪一个"。还可以指定其中一个杯子，问"这是第几大的杯子"，让孩子说明。通过这样的学习，让孩子学会量的排序和"第……个"这样的表达方式。

小熊教室场景·排序

有些情况下，顺序稍微改变，孩子可能就会出错，如要求他把从大到小排列的东西，从小到大重新排，就会出错。7 个杯子中从多到少倒入果汁，要求重新从少到多排列，就会排错。这究竟是哪儿出了问题呢？在生活和游戏中，孩子习惯了从大到小或从多到少的顺序，一旦要求反过来排列，就会出现困难。所以，让孩子通过实践掌握逆向思维也很重要。如果之前是从大到小的话，那这次就从小到大，如果之前是从多到少的话，那这次反过来从少到多，像这样让孩子多多积累逆向看问题的经验。

## 4 亲身体会重量

"重量"这一概念是无法用眼睛进行判断的。孩子首先必须拿起物体，亲身感受物体的重轻。我们经常会准备纸袋或箱子，并加入重物，然后让孩子拿起或者搬运这些纸袋或箱子，让他们体会重量。之后，要求他们进行比较，让孩子判断哪一个比较重，哪一个比较轻。

接下来，增加纸袋或箱子的数量，像学习"大小"和"多少"一样，让孩子按照从重到轻或者从轻到重的顺序进行排列。重量排序的问题，和多少、大小相比，难度更高，因为当拿起不同物体的时候，之前拿过的重量的感觉会消失。比较大小时，可以把5件物品放在一起同时进行比较，但比较重量却不一定做得到，我们该如何完成呢？首先，从5个物品中拿出最重的物品，再从剩下的4个物品中拿出最重的，再从剩下的3个物品中拿出最重的……诸如此类，让孩子掌握方法很有必要。

完成纸袋或箱子的重量排列之后，家长可以把5个重量不同的盒子交给孩子，让他们把盒子放在手里，边感受边按照从重到轻或者从轻到重的顺序进行排列。

## 5. 使用工具比较重量

接下来，必须让孩子学会将不可视的重量替换为可视的物体的方法。此类问题中，涉及下列四件物品：秤、跷跷板、橡皮筋及弹簧。

首先，秤是生活中常见的工具，买东西的时候会看到。在使用秤的时候要注意，对幼儿期的孩子而言，不适合教他们读细小的刻度。家长可以在秤上多放一些重物，让指针的摆动幅度变大，然后再读取刻度。

接下来是跷跷板。跷跷板的问题，是从两个场景中推理出三

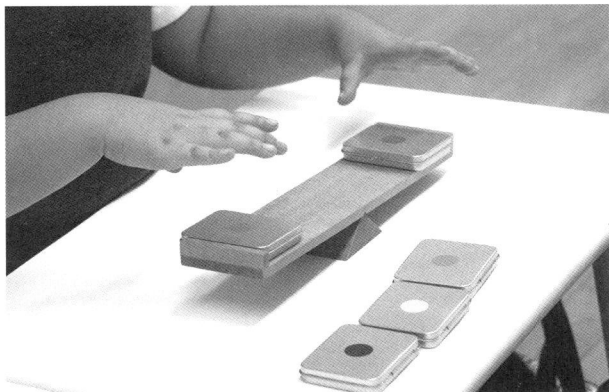

小熊教室场景·跷跷板比重量

个物体的重量关系问题的基础。所以，请一定要让孩子理解"跷跷板是往重的一边下落"这个原理。

最后，使用橡皮筋或弹簧进行重量比较。这是可以把重量这一概念替换为"可视的长度"进行比较的办法。在 5 根橡皮筋上挂好砝码，问孩子哪个最重、哪个第二重，等等。橡皮筋和弹簧的问题不会像跷跷板的问题那样，会随着数量增多（3 个物体变成 4 个、5 个物体）而难度变大。所以，只要牢牢掌握"越重越长"这一点就可以了。

## 6　跷跷板

跷跷板的问题指的是从两个场景中推理出三个物体的重量关系（推理三者的重量关系）这样的问题。根据图 3-3 的两个场景中所示的情况，推理出 A、B、C 三个物体的重量。这类问题可以有如下的提问形式。

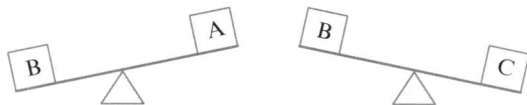

图 3-3　比较三者重量

（1）A 和 C 进行比较的话，跷跷板会是什么样的情况。

（2）按照从重到轻的顺序排列 A、B、C 三个物体。

（3）按照从轻到重的顺序排列 A、B、C 三个物体。

大部分孩子感觉这样的问题很棘手。虽然他们已经通过实物掌握了如何使用跷跷板来推断三个物体的重量关系，但是一旦变成书面形式提问，答不出的情况还是比比皆是。回到刚才的问题，回答最重的是 C 的孩子大概只占总人数的 50%—60%。错误最多的答案是认为 B 是最重的。如果问孩子为什么认为 B 是最重的话，大部分回答都是，因为只看到了左边的跷跷板，所以认为 B 最重。

此外，还有很多孩子认为最重的是 B 和 C，因为 B 和 C 的一边都下落了，所以觉得这两个是最重的。这种错误的原因在于，孩子只关注了下落的物体，并没有将两个场景里的三个物体进行比较。每一种错误答案背后都有一定的原因，只有找出这个原因，才能在以后的学习中避免这样的错误。从两个场景中推理三个物体的关系，首先要让孩子仔细观察两个不同的场景，最重要的是不能将两个场景的关系割裂，必须将它们联系在一起思考。而使用实物的场合能做对，但一到书面提问就做不对的原因在于，没有弄清单个场景和两个场景间的具体关系。要弄清场景之间的关系，就必须借助中介物 B 来理解。

如果孩子能够理解 A 比 B 轻、C 比 B 重，能够把 B 作为中介进行思考的话，就可以推断出重量关系为 C ＞ B ＞ A。因此，让孩子准确说明每个场景的关系是很重要的。"A 和 B 相比，B 重。""C 和 B 相比，C 重。"其中，为什么一开始重的 B 在和 C 进行比较之后，就变轻了呢？家长可以通过如此提问来引导孩子，让他们意识到比 B 重的还有 C。

## 7 比较长度

长度是可以用眼睛进行判断的，如果是弯曲的，如绳子和链条，要拉直进行比较。差距微小、不明显的话，应该把一端对齐后再进行比较。因为这个问题涉及的比较方法多样，所以许多学校在测评时喜欢选用这类问题。

家长可以让孩子试试比较木棍、绳子以及锁链等物体的长度。比较木棍的话，只要把一端对齐就可以，不会有什么大问题。但是绳子和锁链，一定要把它们拉直再比较。此外，弄清对齐的是哪一端也十分重要。

例如，把 7 根木棍按照从长到短、从短到长的顺序进行排列，"第……长的棍子""第……短的棍子"，让孩子这样进行练习。但是，提问的方式不同，对孩子来说理解的难度也不同。比如，直接问孩子："第……长（短）的棍子是哪一个呢？"和指着一根棍子，问孩子："用这根棍子进行比较长度的话，应该怎么描述呢？"孩子自己通过比较，说出："这个是第……长（短）的棍子。"虽然最后的答案是一样的，但是用提问引导孩子理解和让孩子通过操作自行理解，这两者是有些许差别的。只有自己推导并表达出来才能证明孩子是真正理解了，一定要让孩子掌握这一关键。如果孩子觉得"这是第……长（短）"这样的表达方式有困难的话，可以让孩子先掌握"从长（短）的开始数第……个"这样的表达方式。

幼小衔接思维能力培养还可以进行比较波浪形状绳子的问题。我们觉得，只要做过一次这样的题目，基本就不会再出现错误了。但是还是会有例外，有些孩子认为笔直的绳子是最长的。波浪状绳子的问题，波浪的数量和波浪的高度都会成为解题的考量要素，大部分情况下，孩子可以根据波浪的数量来判断长度。

## 8 制作旗帜

这类题目的内容是使用7根木棍和7面旗布制作旗帜。通常的规律是最长的木棍应该和最大的旗布相匹配，第二长的木棍应该和第二大的旗布相匹配。本质上来说，就是把长度和大小这样不同的量按照各自的顺序进行一一对应的问题。

像这样的顺序对应问题，只要有一些生活经验就可以理解并进行对应，难度并不高。但是如果设定的情景不一样，同样是制作旗帜，难易度就会发生变化。接下来，我们从最简单的开始进行举例。

（1）将旗布和木棍按照顺序排列，然后让孩子进行对应。

（2）旗布或者木棍其中的一种是按照顺序排列的，另一种是散乱放置的。让孩子先进行顺序排列，再进行一一对应。

（3）旗布和木棍都散乱排列，对其中的一种进行指示，找出对应的旗帜或者木棍。

小熊教室场景·顺序对应

（1）的情况，只要牢牢把握住第几个就可以进行解答。（2）的情况，因为要把散乱放置的旗布或者木棍根据指令在脑中进行排序，所以有一些难度。（3）的情况，因为两类都是散乱放置的，因此首先需要弄清楚指令是哪一类的第几个，然后再找出与它对应的旗布或者木棍。这类问题要求两类物品都在脑子里进行排序，所以是难度最高的问题。

关于顺序对应还有很多不同类型的问题。例如，给大小不同的玩偶穿衣服，给鞋码不同的人找鞋子，给身高不同的人选拐杖，给纽扣找出不同大小的扣孔等，形式是千变万化的。顺序对应的问题在生活中随处可见，因此在日常生活中就应该留心，给孩子创造思考这些问题的机会。

## 9. 单位的思考方式

在日本小学二年级的时候会学习"毫米（mm）""厘米（cm）"

"米（m）"等长度单位，这些被称为基本单位，可以在世界各地通用。这些基本单位由四个阶段组成。

(1) 直接比较（把两个物体直接进行比较）。

(2) 间接比较（把某一个物体作为中介进行比较）。

(3) 个别单位（把某一个物体看作 1，思考整体包括几个 1）。

(4) 基本单位（毫米、厘米、米等）。

对孩子来说，"直接比较"的问题已经在各个领域中进行了练习。在测量搬不动的物体时，用绳子等辅助工具进行比较就属于"间接比较"的问题。第三阶段的"个别单位"，也不是很难的概念，很多情况下都会用到。我在上课的时候，经常使用火柴棍来测量蚂蚁走过的路，把火柴棍作为中介，通过"是多少根火柴棍的长度"来让孩子理解单位的概念。当然，有可能需要准备许多火柴棍，让孩子亲手去一根一根排列也未尝不可。为了让孩子理解"一个单位"的概念，也可以让他们只拿一根火柴棍去比画长度。在生活中也有很多这样的情况，几杯的分量，几块瓷砖的大小，有必要让孩子掌握这样的思维方式。

## 10. 蜡烛燃烧的长度（逆对应）

这类问题是通过燃烧后剩余蜡烛的长短推理蜡烛燃烧的时间。长时间燃烧的蜡烛的剩余部分很少，短时间燃烧的蜡烛剩下的部分就很长，具有一定的生活经验的话，就能理解。燃烧时间越长的蜡烛，剩余的部分就越少，只要能掌握这个对应关系，就能通过剩余的蜡烛长短推理出蜡烛燃烧时间的长短。

　　比如，"燃烧时间最长的蜡烛是哪一根""燃烧时间最短的蜡烛是哪一根"（见图 3-4），这样的提问孩子可以马上回答。但是，提问"燃烧时间第四长的蜡烛是哪一根"，孩子会摸不着头脑。根据剩余蜡烛的长度，最短的是燃烧时间最长的，第二短的是燃烧时间第二长的，如此排序，就能得出答案。不过，也有单单是根据蜡烛的长短排列得出错误答案的情况。

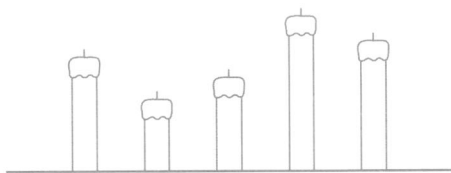

图 3-4　蜡烛燃烧的长度

　　燃烧最多或最少的两个情况一般孩子都懂，但出现"燃烧时间第四长的蜡烛是哪一根"这样要求中间数量的问题时，不要忘记"剩下的长度越短，燃烧的部分越多"这一对应关系。这种逆对应的难点就在于，需要用能看到的事物（燃烧后剩余蜡烛的长度）来推断出看不到的关系。

## 11. 喝掉了多少水

　　这类问题和蜡烛的问题解题思路完全相同，在幼小衔接思维能力测评中经常出现。从剩下的水量来推出喝掉的水量（见图 3-5），必须基于"喝掉的越多，剩下的越少"，以及"剩下的越多，喝掉的越少"这两组关系进行考虑。"喝得多剩下的少"以及"只喝一点，剩余的就多"，相信孩子很快就能理解，马上就可以看出喝得最多是哪一个，只喝了一点的是哪一个。但是，和蜡烛的问题一样，如果提问"喝的第四多的是哪一个杯子"，就会有孩子做错。

图 3-5　喝掉的水量

## 12. 倒果汁

这类问题是指把瓶子中的果汁倒在杯子里，或是从某一个容器中把某种液体移入另一个容器。这也是生活和游戏中经常接触的例子。比如，图 3-6 的场景，把瓶子里的果汁倒到杯子中，完全可以先让孩子进行实物操作，然后让他们观察杯子里的果汁和瓶子中剩余的果汁的关系，"倒得越多，剩余的越少"，通过操作，孩子会立刻明白这种关系。和上面几种情况类似，如果提问第二多或者第三多这种求中间值的问题，难度会变大。

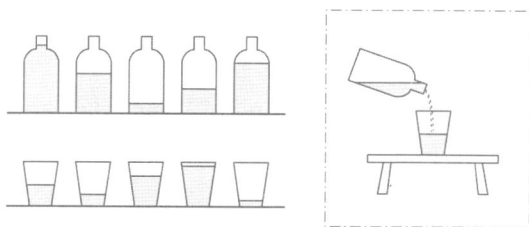

图 3-6　倒果汁

糖水浓度的问题，往往有以下两种不同的情况（见图 3-7 ）。一种是 A 的场合，水量相同，这个时候放入的方糖个数越多就越甜，这种是比较容易的顺序对应问题。另外一种是水量不同、方糖的个数相同的情况，这就变成了"逆对应"的问题。B 的情况是，水量越少越甜。基于这种关系，把糖水按照甜度排序，这对孩子而言是很难的问题。

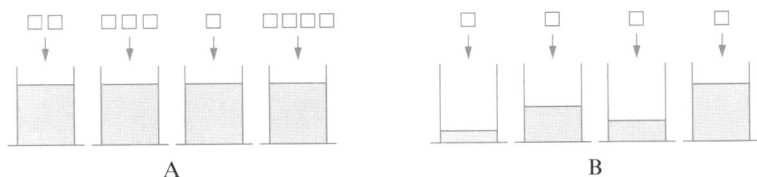

图 3-7　糖水的浓度

水量不同但方糖数量相同，这种情况就和之前说过的蜡烛、从剩下的水量推出喝掉的水量等问题相同。"最甜的是哪一个""最不甜的是哪一个"这样的提问，大部分孩子都可以答对，因为这些都可以靠生活经验来解答。但是像"第四甜的水是哪一个"这样的问题，大部分孩子都很困惑。其实，只要把水量按照从少到多的顺序，按照"最少、第二少……"这样进行排列，马上就可以得出答案。

即使理解了"水越少越甜"的关系，孩子也不一定会应用这种关系找出"第四甜"的答案，结果往往是找出自己看到的第四个水量多的答案，而不是问题中所要求的答案。

理解"逆对应"的关系，其中最困难的一点就是要把看不到的数量和看得到的东西进行对应，然后基于这样的关系，再比较相关的事物。为了让孩子熟悉并逐步理解这种对应关系，可以先减少物体的数量进行练习。无论是蜡烛、果汁还是糖水，我们都是用"4"个数量进行举例，练习的时候，不妨从"3"开始。

## 14. 重量的平衡

在使用跷跷板比较重量的时候，左边和右边放上相同重量的物体的话，左右都不会下落，这点孩子一定已经理解了。如果一边放 1 个箱子，另一边放 2 个箱子，跷跷板还能保持平衡，孩子就很难理解。如果用箱子不行，可以设定一个具体的场景，比如，1 个大人与 2 个孩子保持平衡。通过这样的具体场景，首先让孩子理解，一对二也是可以保持平衡的。

平衡问题可以应用在很多场景，其中最基本的是下面的问题。比如，1 个红箱子和 2 个蓝箱子可以保持平衡（见图 3-8）。现在如果拿下 1 个蓝箱子的话，会怎样呢？或者再放上 1 个红箱子，为了能够保持平衡，需要再放上几个蓝箱子呢？

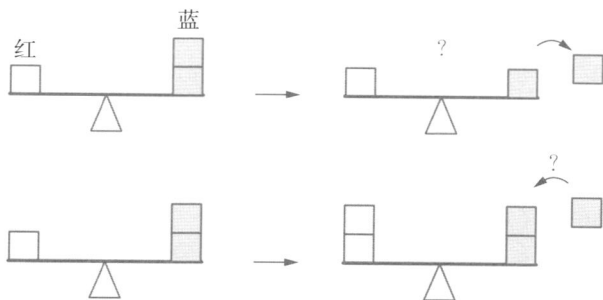

图 3-8　重量的平衡

前者比较容易理解，而面对后者，很多孩子就会认为，一边放了 1 个红箱子，那为了保持平衡，只要在另一边再放上 1 个蓝箱子就可以了。为什么会出现这样的错误？主要是因为孩子没有掌握 1 个红箱子和 2 个蓝箱子才是平衡关系。"1 个和 2 个是可以保持平衡的"这个在重量关系中可以转化为"一与二的对应"。所以，平衡问题抽象出来就变成了"一与多的对应"的重量应用问题。

## 15. 一与多对应的重量关系

在幼小衔接思维能力测评中，有许多不同的出题方式。图 3-9 所示的就是典型问题。

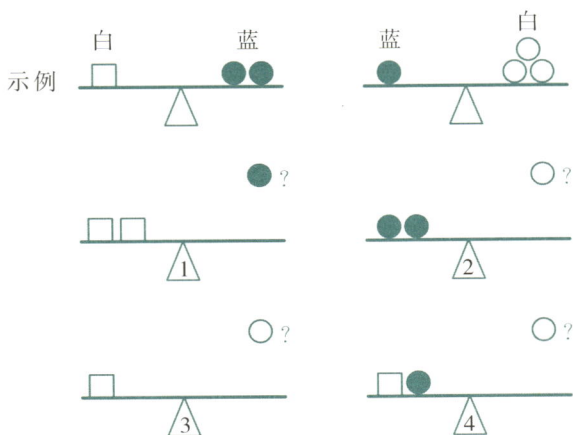

图 3-9　一与多对应的重量关系

第一问和第二问考查的是重量问题，用之前所述的"一与多的对应"关系就能解答。但是第三问和第四问就需要用到"置换"

的操作，必须加入中介物才行，需要一定的逻辑思维能力，因此比较困难。比如，第三问并没有事先告知白色箱子和白珠子的重量关系，必须以蓝珠子作为中介物。1 个白箱子等于 2 个蓝珠子，而 1 个蓝珠子等于 3 个白珠子，所以 3+3=6，1 个白箱子可以和 6 个白珠子保持平衡。第四问也可以用同样的"置换"方法解答。

所以，同样是平衡问题，刚才第一问、第二问和第三问、第四问之间有巨大的难度差距。理解"一与多的对应"关系就能解答第一问、第二问，而第三问、第四问必须借助"置换"的方法才行。这样的问题在未来的测评中会逐步增加。

# 自然测量领域能力自检表

## 小班（3—4岁）

（1）比较3件物品，能够理解"大""中""小"这样的词，并学会使用这些词。

（2）能够在4件物品中判断出最大（最小）的。

（3）能够将4个大小不同的物品，按照从大到小（从小到大）的顺序进行排列。

（4）能够在几个相同的图形中，找出同样大小的图形。

（5）能够把3个不同大小的玩偶和3个不同大小的球按照大小进行一一对应。

（6）比较3件物品，能够理解"长""中""短"这样的词，并学会使用这些词。

（7）能够正确使用表达大小、长度、多少、重量的词。

**家长笔记**

# 自然测量领域能力自检表

## 中班（4—5 岁）

（1）能够把 5 个大小不同的物品，按照从大到小（从小到大）的顺序进行排列。

（2）能够用语言说明 5 个不同大小的物体中的一个，如"第……大（小）"。（量的排序）

（3）从 6 个不同大小的物体中拿出任意一个，能够分别选出比这个物品大（小）的其他所有物体。（量的相对性）

（4）能够把 2 种各有 5 个不同大小的物品按照大小顺序进行一一对应。

（5）能够把 5 根棍子按照从长到短（从短到长）的顺序排列。

（6）从 5 根棍子中选择一根，进行"第……长（短）"这样的说明。

（7）从 6 根棍子中拿出一根，能够选出所有比这根棍子长（短）的其他棍子。

（8）能够把 5 个杯子中的果汁按照从多到少（从少到多）的顺序进行排列。

（9）能用语言说明 5 个杯子中放入的果汁量，如"这是第……多（少）"。

（10）从 6 杯果汁中拿出一杯，能够选出所有比这个多（少）的其余的果汁。

（11）观察跷跷板，理解 2 件物品的轻重。

（12）能够用手判断 3 件物体的"重""中等""轻"。

（13）能够正确使用表达大小、长度、多少、重量的词。

家长笔记

# 自然测量领域能力自检表

## 大班（5—6 岁）

（1）能够把 7 个大小不同的物品按照从大到小（从小到大）的顺序进行排列。

（2）对 7 个不同大小的物体中的任意一个，用语言说明"这是第……大（小）"。（量的排序）

（3）从 7 个不同大小的物体中任意拿出一个，能够选择出所有比这个物品大（小）的其他物体。

（4）能够画出大小不同的 5 个○。

（5）能够把分量不同的 7 杯水按照从多到少（从少到多）的顺序进行排列。

（6）从放在相同容器中但量不同的 7 杯果汁中找出"第……多（少）"的果汁。

（7）从 7 个杯子的果汁中，以其中一杯为基准，能选出比它"多（少）"的其他所有果汁。

（8）用手拿着 5 个箱子，能够按照从重到轻（从轻到重）的顺序进行排列。（重量的排序）

（9）使用跷跷板，对 3 件物品的重量进行排序。

（10）能够使用秤或者弹簧，比较重量并且理解其意思。

（11）把 7 根绳子或棍子按照从长到短或从短到长的顺序进行排列。

（12）从 7 根棍子中任意选出一根作为基准，选择出比它长（短）的其他棍子。请改变不同的基准进行练习。

（13）从 7 根棍子中选择一根，能够说明它是第几长（短）。

（14）从 10 根棍子中选择 2 根作为基准，选择出"比这根长，比另一根短"的棍子。

（15）使用 8 根棍子和 8 面旗布制作旗帜时，能够把大小和长度进行对应（例如，第四长的棍子和第四大的旗布为一套）。（顺序对应）

（16）能够使用火柴棍和纸张上画的棍子进行比较，理解棍子是几根火柴棍的长度。（个别单位的视角）

（17）几根波浪状的绳子，把绳子拉直之后，孩子能够理解最长的绳子是哪一根，最短的绳子是哪一根，第四长的绳子是哪一根等。

（18）观察跷跷板的画，能够从 2 个场景中推断 3 个物品的重量关系。（三者关系的推理）

（19）和上述一样，能够从 3 个场景中理解四者的关系，从 4 个场景理解五者的关系。

（20）只听语言描述就能理解三者关系。

（21）观察 7 个杯子中剩余的果汁量，能够理解喝得最多的是哪杯，喝得第四多的是哪杯。

（22）根据跷跷板理解平衡的意思。

（23）在跷跷板 1 个重的和 3 个轻的物品保持平衡的情况下，2 个重的物品和另一边的几个轻的物品能保持平衡？ 9 个轻的物品和另一边的几个重的物品能够保持平衡？让孩子理解重量中的一与多的对应问题。

（24）让孩子理解 1 个 A 和 2 个 B 保持平衡，1 个 B 和 3 个 C 保持平衡的情况下，1 个 A 和几个 C 能保持平衡。（理解以一个物品为中介的平衡）

家长笔记

# 第4章

## 改变看世界的角度

改变角度看问题，是培养逻辑思维能力的基础，这不仅是儿童社会性发展的要求，更是培养灵活思维和空间概念的关键。

# 空间认识和视角转换

　　如果仔细观察孩子的画，就能够了解孩子是怎么理解空间的。一幅画所表达出的事物或者事物的位置关系等，可以清晰地看出孩子掌握空间认识的程度。下面给出的四幅画（图 4-1），是大班进行"从四个方向观察"学习时所画的水壶。四幅画是孩子从不同的位置观察并画出来的。

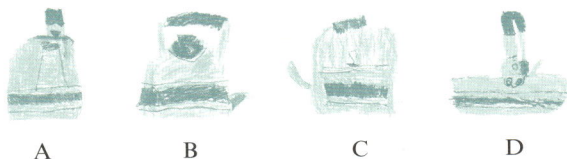

A　　　　　　B　　　　　　C　　　　　　D

图 4-1　孩子们画的水壶

　　A 是从正面观察并画的。从绘画的角度来说，A 处画的难度比 B 和 C 要高。倒水的壶嘴、壶盖等需要仔细画出来。但是，和实际情况不同的是，壶盖处的壶钮和壶把手的金属部分是重叠的。我们都知道，从正面观察的话，壶把手的金属柄部分应该会把壶盖的壶钮遮住，但是不知道为什么，A 图中这两者关系是相反的。我们可以站在当时 A 的立场，想想他要如何画，有壶盖、壶把手、壶嘴，这是普通的水壶的样子。A 可能觉得，壶把的金属柄不可能把壶盖的壶钮部分遮起来，或者，稍微侧一下身子看的话，就可以清晰地看到壶盖的壶钮部分。所以 A 有可能是把从正面观察到的样子和侧身之后看到的样子结合在一起，画成了此图。

　　孩子毕竟是孩子，自己心里对物体的认识和实际看到的物体出现分歧的时候，孩子可以"无视"实际情况，坚持自己的想法。所以我们可以从画中看出孩子内心的纠结。

　　B 是从旁边观察水壶的，和 A 与 D 的位置相比的话，在这个位置画起来比较容易，实际来看，画得也非常好。但是，请看一下壶盖的部分，貌似和实际的物体有些出入，只有这个部分是从斜上方的角度观察之后画出来的。也就是说，B 是如实地按照自己所观察到的样子画了出来，不过，画的时候视线是上下移动的。对这个年龄段的孩子来说，完全从一个角度出发作画还是比较困难的。

　　C 画得比较特别，C 为什么把壶盖和壶把手之间的空间全部涂上颜色呢？我们问了一起画画的孩子，大家都回答"这个是盖子"。所以，C 从上方观察了整体的壶，发现盖子是圆形的，他就涂满颜色来表现壶盖的圆形。C 的这幅画，是他从旁边和上方两处观察后结合起来画出来的。

　　D 是从水壶的后面进行观察的。和 A 一样，从绘画的角度来说，画的难度比较高。但是从结果来看，画得非常好。盖子和把手的金属部分是重叠起来的，并且能看出一点水壶的出水口，这一细节点很好地表现出孩子是从斜右后方进行观察的。这种重叠的画法说明孩子能从远、近分别进行观察。我觉得这点非常重要。

　　像上述这样，在一幅画中可以清晰表现出孩子对空间认识的程度。能画出这样的图，可以看出孩子并不是死记硬背记住了图形，而是记住了这种方法。因此，通过这种绘画方式，能看出孩子空间概念的发展程度。在这基础上，我认为有必要想一想有什么方法能促进孩子的发展。

# 改变角度看问题

前文所述水壶的画是孩子在"从四个方向观察"课上画的作品，这类问题在另外一层含义上也是一种重要的学习。我们的目的是想看看孩子是不是能不用走到特定的位置，就能推断在那个方向上看到的水壶的样子。让我们再现一下课堂上的情景。

小熊教室场景·四方观察

第一步，为了让孩子明白从不同的方向观察结果是不一样的，我们首先让孩子对水壶进行写生。其实，最理想的情况是让一个孩子从四个不同的位置对物品进行写生，但因为课堂时间有限，无法达到理想状态，所以我们把班级里的孩子分成四个小组，在中间的桌子上放一把水壶，让孩子围绕水壶从四个角度进行观察，对水壶进行写生。等孩子画好以后，把画好的画贴在黑板上，让孩子在教室前面集合，让孩子思考："为什么画的是同样一把水壶，但是每个人画出的样子不一样呢？"孩子会七嘴八舌地说出自己的观点："因为位置不同。"……

第一步的情况下，不管画的是什么内容，孩子们能够说出自己的想法，这就成功了。总而言之，需要让孩子理解，所在位置不同，观察的结果也不同。虽然这是最浅显的道理，但如果孩子没有实际体验过，无论做多难的题目，都无法达到这层理解。在小熊会的课堂中，即便多花时间，我们也会好好让孩子体验。

第二步，准备好四张不同角度的水壶卡片。从四张水壶卡片中任意取出一张，让孩子对比卡片，走到能看到卡片上水壶样子的位置。这个步骤的目的是训练孩子能把看到的水壶卡片和实际水壶的样子对应起来，因为孩子可以走来走去找位置，所以这一步并不是很难。

第三步，让孩子坐在指定的位置，我在放水壶的桌子周围走动（如图 4-2），边走边提问："当我移动到能看到图①上的水壶的位置时，大家请说停。"

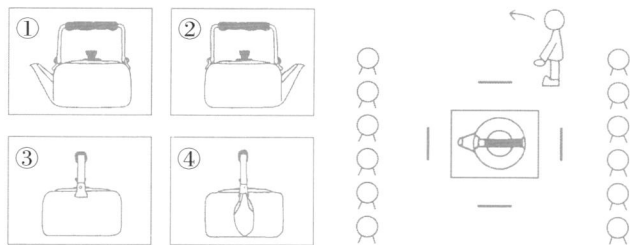

图 4-2　从四个方向观察

　　说完，我慢慢地围着桌子走。孩子会一边仔细观察图①的水壶样子（壶嘴在左边），一边思考我走到什么方向就能看到这幅图。这一步骤考查的是不走到特定的位置（比如看到图①的位置）就能想象从那个方向看到的实物样子。在课堂中玩这样的游戏，更容易让孩子集中注意力，愉快地参与课堂活动。

　　最后，我坐在和孩子不同的方向上，然后提问："从老师的角度进行观察的话，水壶是什么样子呢？请拿出这个样子的卡片。"等孩子选好卡片，我会继续改变水壶方向，再次进行同样的提问。

　　这是让孩子从自己的角度跳出来，推理从老师所坐的位置看到的水壶是什么样的。这一步很有难度，一半左右的孩子会选择从自己所坐的位置看到的样子的卡片。改正错误的时候，要让答错的孩子拿着卡片走到老师的位置上，让孩子发现自己的错误，之后再去拿出正确答案的卡片。重复几次这样的学习之后，孩子会逐渐加深理解。

　　这个"从四个方向观察"的问题，培养的是"孩子是否可以跳出自己的角度，站在其他角度上看问题"的能力。这类问题是对方位描述进行考查。而其他类的问题中，也有很多考查这种能力的题目。

　　比如，有一种是"从不同角度分类"，先让孩子对物品进行分类，并解释分类的标准，然后让孩子换一种角度对同样的物品进行再次分类。这个时候，孩子必须舍弃之前的分类标准。但是，幼儿期的孩子一般只会用一种办法，从用途分类的话就会局限于用途，从形状分类的话会局限于形状。像这样局限于一个角度，无法改变角度看问题是 3—5 岁孩子的思维特征。让孩子摆脱始终站在一种角度看问题的倾向是非常重要的，家长有必要通过生活中的各种体验来让他们掌握这种改变角度看问题的能力。

不仅要让孩子能够回答"第……长"，还要能够回答出"第……短"，不仅理解"从右往左第……个"，还要能够回答"从左往右第……个"，像这样的思维方式，只需要身边的大人稍稍点拨，孩子就能逐渐掌握。

"思维的灵活性"指的是能改变角度看问题，这种思维方式在和人交往中也是需要的。在考查孩子社会性发展程度的时候，我们经常提到"站在他人的立场上看问题"。而"从他人的角度出发"考虑人际关系，不仅是社会性发展阶段的要求，也是培养灵活思维的关键，这点需要家长铭记在心。

# 方位描述练习注意要点

在日常生活中，很多情况下，我们需要准确理解位置关系。"上下""前后""左右"这三组是最基本的位置关系，需要让孩子作为学习内容进行掌握。理解这三组位置关系之后，可以学习"上下—左右关系"（方格上的位置），以及"前后—左右关系"（从四个方向观察）这些比较困难的问题。这些关系中，最难的是理解左右关系，特别是在"从四个方向观察"和"在地图上移动"的练习中。在学习这些问题时，需要孩子跳出自己原有的角度，从其他的角度出发理解左右关系。改变角度看问题这种重要的思维方式，可以说是培养逻辑思维能力的基础。在后续图形位置关系的学习中，也有很多机会可以培养孩子的逻辑思维能力。

## 1 位置的排序和相对化

学习前后关系，可以通过公交车游戏来进行。把一排椅子看成是公交车的座位，或是根据指示坐到相应的位置上，或是说明自己所坐的位置是哪里。

此外，以某个孩子作为基准，前面坐的是谁，后面坐的是谁，让孩子练习位置的相对化。"排序""相对化"这些和自然测量中学习的重点是一样的。像"第……个"这样的表达，日常生活中随处都能用到，比起"量"来说，位置关系也要容易理解一些。

图 4-3 标注的孩子所在的位置，我们可以这样描述："从前面数第三个，从后面数第四个。"

图 4-3　说明位置

上下关系的学习需要使用五色积木（如图 4-4）进行。让孩子按照样本用积木搭出同样的形状，或者按照语言指示搭积木。后者一般是按照从下到上的顺序说出积木的颜色。这样的问题非常简单，比如："最下面是红色，最上面是绿色，中间是黄色，下面第二个是蓝色，上面第二个是粉色。"

图 4-4　五色积木

这个练习主要是考查孩子能不能按照这样的指示来推断五色积木的位置关系。老师说出某个物体之间的关系，让孩子按照指令在整体中寻找，这是非常难的问题。

通过公交车游戏和搭积木学习位置的排列，学习的顺序如下所示。

✎ 第一步，坐在指定的位置上；按照指示搭积木。

✎ 第二步，能解释自己坐的位置和指示中的积木的位置。

小熊教室场景·公交车游戏

为什么要按照这样的顺序呢？因为孩子明白指示和自己能够用语言说明，这是两种程度，在认知问题中是有质的差别的。反过来说，只有表达出来，才可以说这种认知已经理解并掌握了。

位置排序的学习中还有一个很重要的部分。如果孩子能够理解"从前往后第……个"的话，也要理解"从后往前第……个"这一概念。想要让孩子形成改变角度看问题的能力，就要让他们多积累经验。在方位描述的学习中，改变角度（左右、上下、前后、顺序、逆向）比较明确，孩子理解起来也比较简单。

## 2 描绘图形

在学习"位置对应"的问题时，形式是多种多样的，主要是要能找到相同的位置。即便不用语言表达，孩子也可以完成这一项练习。只要让孩子有意识地认识位置关系就可以，比如，使用 4×4、6×6 的方格纸，用彩色笔在和样本相同的位置涂上颜色（如图 4-5）。

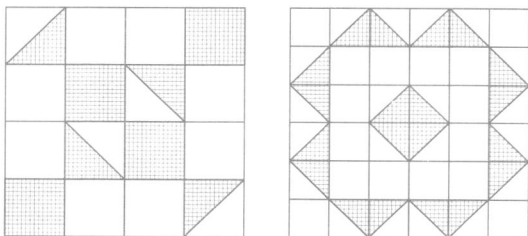

图 4-5　描绘图形

这类问题在幼小衔接思维能力测评中经常出现，形式经常是以 7×7 的方格纸为中心，需要描绘的图形也是多种多样。在测评中，不仅需要回答正确还需要速度快，所以孩子必须尽可能迅速地找出相同的位置，画出形状并涂上颜色。

在这样的情况下，决定难易度的要素主要有几种：

🖉（1）数量的多少。

🖉（2）是不是有很多斜向排列的位置关系。

🖉（3）是否包括斜着且面积只有一半的方格。

以上这几点，特别是岁数比较小的孩子，受影响比较明显。

家长需要引导孩子认真按照上述几点，并从比较简单的样本开始，反复进行练习。

### 3. 理解左右

理解左右关系是从理解自己的右（左）手开始的。虽然大部分的孩子能够理解自己的右（左）手，但是根据不同的情况，难度会发生改变。比如，面向其他孩子，按照指示举起右手或者左手的，或是和其他孩子握手的情况，对方伸出的手有可能会迷惑孩子，因此，很多情况下都会出现错误。为了让孩子无论在什么样的情况下都能自信地举起自己的右手或者左手，多多进行练习是十分必要的。

理解了自己的右（左）手以后，接下来就是理解别人的左右手。比如，面对其他孩子，按照指示举起右（左）手。这时候，对方举起的是哪一只手呢？可以让孩子和自己举起的手进行比较。像这样充分理解别人的右（左）手以后，就可以让孩子面对面站着，把球递到对方的右（左）手上。

### 4. 在路口转弯

在理解左右手问题以后，就可以进行下一个问题，学习"朝右边""朝左边"这样的方向移动。我们在教室的地板上用胶带制作道路，让孩子按照指示在道路上走，到了路口就停下，然后听老师的指示，如"请向右边转弯"，进行转弯的练习。很多孩子会先拿出自己的右手进行确认，然后再转弯。在一开始的时候，我认为这是一个很好的方法。

这个练习作为接下来理解"地图上的移动"的基础，是非常重要的。这一步是自己在路上走，但是接下来"在地图上移动"的问题中，会使用玩具车等物品进行移动，会要求朝不同方向前进，所以必须要学会站在移动物品的角度，把自己替换为移动的物品进行思考。

"地图上的移动"问题中最基本的一点就是要牢牢掌握在十字路口转弯的方法，下面汇总了从四个方向进行转弯的方法。

十字路口如图 4-6 所示，有四个入口。

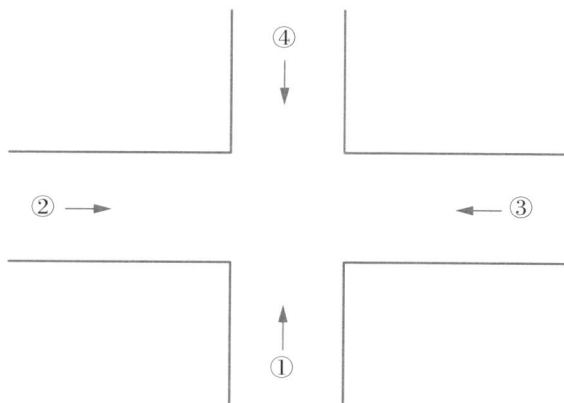

图 4-6 十字路口的转弯

把向左和向右转弯的情况分开来说的话，入口①是自己的观察角度，就是我们平常所说的左右，因此不会有太大问题。入口②和③比起①来，难度要高，在进行观察的时候可以移动自己的身体，

或者把自己替换为移动物体，因此让孩子理解也不是很难。入口④
在实际的场景中就是从对面移动，这时，左右和自己的角度完全相
反。如果在毫无基础的情况下，首先从④开始进行方向学习，由于
和孩子自己的左右完全相反，会影响他们理解其他方向。所以，最
好是孩子对左右关系有了深层次的理解后，再进行④的练习。

## 5. 生活空间中位置关系的表达方式

在学过"上下""前后""左右"这三个位置关系以后，必须让
孩子能够使用正确的语言对生活空间中的位置关系进行描述。例
如，图 4-7 再现了房间中的某一个场景。

图 4-7 场景位置

家长看着这个场景提问"球在什么位置"，让孩子回答问题。
"……的上面""……的下面""……的中间""……的前面""……
的后面""……的左边""……的右边""……和……之间"，让
孩子练习准确使用这些基础的表达方式。

## 6. 方格上的位置

正确描述方格上的位置，在方位描述的问题中也十分重要。把上下和左右关系中的任意一对进行组合并描述，如果孩子能掌握这样的关系，这个问题就不会太难。但是，如果出现"从上开始数第……行，从下开始数第……行"这样的表达，就说明孩子还没有真正理解。

为了可以更加容易理解组合方式，我们把上下叫作"行"，左右叫作"列"，使用这样的方法说明比较好。

另外，还有一种是使用某种固定的表达，比如"从下开始第……行，从右开始第……列"，始终是从下面、右边这样的形式进行说明，效果也不错。孩子掌握之后，可以再学习其他的表达。

对于方格上的同一个位置，用四种不同的方式进行表达也是非常重要的。比如，在 6×6 的方格上（如图 4-8），"从下开始数第四行，从右开始数第二列"这个位置，其他的表达还有"从下开始数第四行，从左开始数第五列""从上开始数第三行，从右开始数第二列""从上开始数第三行，从左开始数第五列"。

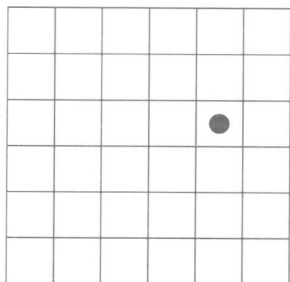

图 4-8　方格上的位置

　　像这样，理解方格上的位置可以发展成很多不同类型的问题。其中的典型问题是在方格上进行"位置记忆"和"方格上的位置移动"等问题。"位置记忆"问题是指在 5×5 的方格上放四种颜色的卡片，因为要记忆四种颜色卡片的位置，所以很有难度。

　　另外，"方格上的位置移动"是指从一个位置开始，按照指示的路径进行移动，不仅有根据语言进行移动的情况，还有根据声音进行移动的情况，这是比较难的问题之一。根据声音进行移动，必须要按照一定的规则，比如，根据铃鼓的声音，向右移动和声音数量相同的步数；根据响板的声音，向上移动和声音数量相同的步数……

　　还有使用方格的"在方格中描绘图形"（如图 4-9），或是使用方格纵向、横向交叉的属性进行"双重分类"的问题（如图 4-10）。在方格中描绘图形是使用方格进行图形临摹，需要孩子牢牢掌握方格的位置。双重分类是从两个角度（纵向、横向）进行集合同类的问题，要求纵向和横向都是同类，"？"的格子中应该填入什么呢？

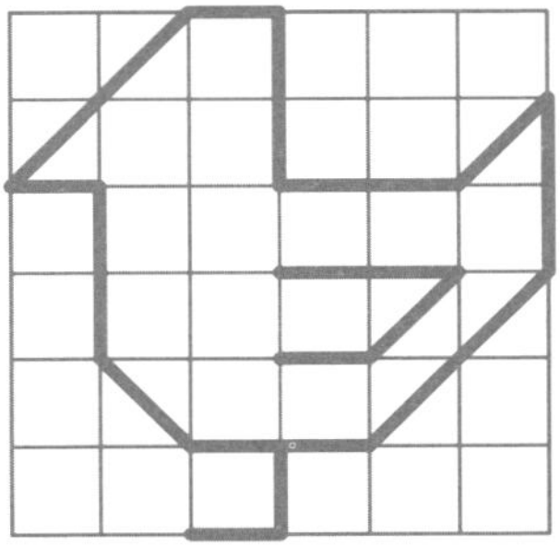

图 4-9　在方格中描绘图形

图 4-10　双重分类

## 7. 从四个方向观察

"从四个方向观察"是方位描述中最难的问题。从四个不同的角度观察一个物体的时候，看到的分别是什么样子呢？要能做到不用走到特定的位置也能进行推理。因为问题中包含了前后左右的位置关系，因此也被称为"理解前后—左右关系"问题。

这个问题的难点在于改变自己的角度看问题，不仅是位置的问题，改变角度观察事物，也是培养孩子逻辑思维能力的重要的一部分。这个时期的孩子很容易局限在个人立场，因此对他们而言，"从四个方向观察"是有难度的。

"从四个方向观察"是在幼小衔接思维能力测评中经常出现的问题。比如下面几种类型。

● 观察左图，在老师和自己中间放置物品（企鹅、杯子、积木），从老师的角度观察的话，看到的是什么样子呢？请用铅笔作画。

● 观察右边画有道路和其他东西的画，如果从相反的角度进行观察的话会是什么样子呢？请找出正确的卡片。

8　两者的位置关系

对于两个物体的位置，换个角度看上去是什么样子呢？因为只有两件物体，所以前后左右的关系会比较明确。但是特别要注意的是，从和自己相反方向的角度来看时，左右关系应该是相反的。这一点需要让孩子牢牢地掌握。要跳出自己的立场，从其他的角度进行观察是十分困难的，但是如果孩子可以掌握这样的思维方式，就可以轻而易举地解决像"转移类问题"这样具有一定逻辑性的问题。不凭借视觉来获取信息，这点的确非常困难，但是也非常重要，有必要再次提醒各位家长。

两个物体的情况下，右边可以看到什么，左边、前面、后面分别可以看到什么？这是比较明确的。另外，在前后关系中，也有必要让孩子理解物体之间的"重叠"这一新的观点。

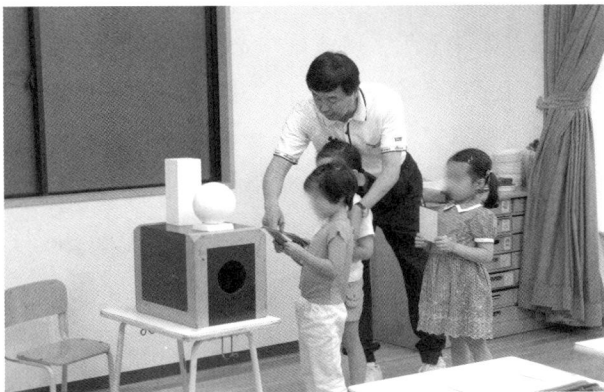

小熊教室场景·位置关系

这种情况下，使用什么教具比较好呢？我们在教室上课时会使用球或者箱子，或者是两个颜色的积木。如图 4-11，把这两件物品放在桌子上，在桌子前后左右放四把椅子，让孩子思考：坐在不同的椅子上看到的物品是什么样子？然后从四张图画卡片中进行选择。

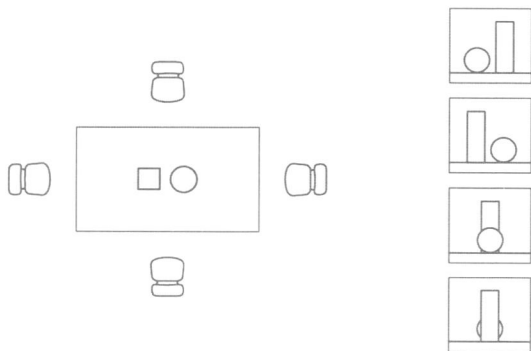

图 4-11　两者的位置关系

为了让孩子更加容易理解"从相反的方向看，左右和自己的是相反的"这一点，可以尝试这样做：让孩子和老师面对面坐好，两人之间的桌子上放好红色和蓝色两个积木。第一步，提问"从你的角度看，看到的是什么样子，请按照这个样子放置积木"，首先让孩子确认从自己的角度看到的样子。第二步，提问"从老师的角度进行观察的话，是什么样子的呢？请放置积木"，通过这一步让孩子理解从老师的角度观察，方向是相反的。

## 9. 画出从对面观察到的画

接下来，练习从自己的对面观察，这次并不是从四张卡片中进行选择，而是让孩子按照实际看到的场景进行作画的问题。

图 4-12 的①中，笔筒里面斜放着一支铅笔。画的时候只要注意铅笔的朝向，意识到要从对面看过来就可以了，因此很简单。②是花瓶中的康乃馨和杯子的关系。和①相比，这个问题改变的要素不止一个，因此有难度。第一个是花瓶和杯子的左右关系。从对面进行观察的话，左右和从自己这个方向观察时是相反的。这一点在两种颜色的积木问题中已经学习过了。第二，要注意杯子把手的部分。第三，康乃馨的倾斜角度也是相反的。

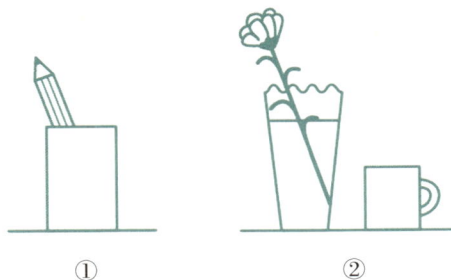

① 　　　　　　　②

图 4-12　从对面观察并作画

在注意到这三个不同之处以后，孩子就能回答正确。假如我们把孩子画错的地方拿出来分析，大致可以分为以下四种。

（1）虽然花瓶和杯子的位置关系画对了，但是杯子把手和花的倾斜方向仍然没变。

（2）虽然杯子的把手和花的倾斜度画对了，但是花瓶和杯子的位置关系仍然没变。

（3）杯子的把手和花的倾斜度，这两者中的某一个画对了，但是剩余的部分全部都是从自己的角度进行观察之后画出的。

（4）所有都是从自己的方向进行观察来作画的。

其中（1）的错误是最多的，所以必须让孩子通过训练掌握整体（两件物品的位置关系）和部分（每一个物品的左右关系）的关系。

## 10. 投骰子游戏

接下来，通过"投骰子游戏"进行以"移动"为主的练习，分三步：首先是前后的移动，之后是使用方格的"方格上的移动"，最后是移动问题中的典型——"地图上的移动"。

首先通过孩子们都玩过的"投骰子游戏"，让孩子掌握基本的移动方式。在游戏中，摇动骰子，按照骰子的点数前进或者后退，因此可以说是"前后的移动"。这一步所积累的经验，对后一步"方格上的移动"是有帮助的。这个问题和孩子之前的游戏相似，所以移动的时候，基本上没有孩子从所在的位置开始数"1"。但是，在后一步"方格上的移动"时，经常会出现把自己所在位置算为第一步的错误情况（正确的是从下一步开始数"1"）。

所以，在"投骰子游戏"中，要让孩子牢固掌握移动的基本方法。

## 11. 方格上的移动

"方格上的移动"的难点和刚才所说的一样，常见的错误是把自己所在的位置数为"1"。出现这样错误的原因是孩子把步数和"说明方格上的位置"这一问题混为一谈了（说明方格上的位置时，自己所在的位置需要算）。在对方格上的位置进行说明时，肯定是从顶端开始，"从上开始数第……行，从右开始数第……列"这样的形式。而移动步数时，自己所在的这一格不需要算。如果出现从最下面开始出发，向上移动三格的话，最后实际到达的位置是从下往上数的第四个格子。有些孩子想："明明是向上移动三个位置，但是到达的位置却是第四个格子。"会不理解，然后把好不容易走对的位置往下移动一格。因此，在方格上进行移动的情况中，不要把自己停留的位置数作"1"，要让孩子牢牢掌握从下一个格子开始数这一要点。

"方格上的移动"学习中的另一难点是能否记住听到的指示。"向上移动 3 格，向右移动 4 格，向下移动 5 格，向左移动 2 格。"这样的指令内容全都要记住。此外，根据声音的规律进行移动，铃鼓响起时应该往哪里移动，响板响起时应该往哪里移动……像这些内容必须要全部记住才行。很多孩子是听错指示导致最后的答案错误，对于这种，最好的对策就是眼睛紧盯着方格，根据声音指示进行移动。

## 12. 地图上的移动

关于"地图上的移动"这类问题，最基本的是自己要能按照指示进行移动。我们可以用胶带制作道路，笔直走到十字路口，之后按照指示进行转弯的练习。在地图上走，让汽车在地图上移动，这都是很重要的基础练习。在地图上移动，最基本的是要掌握在十字路口进行转弯的方法，练习从各个方向进入十字路口，然后进行向左或向右的转弯练习。

在十字路口，可以从四个方向进入，如图 4-13 的问题，最难的应该是从④开始进入。此时和从自己方向看到的左右是相反的，这一点是最困难的。

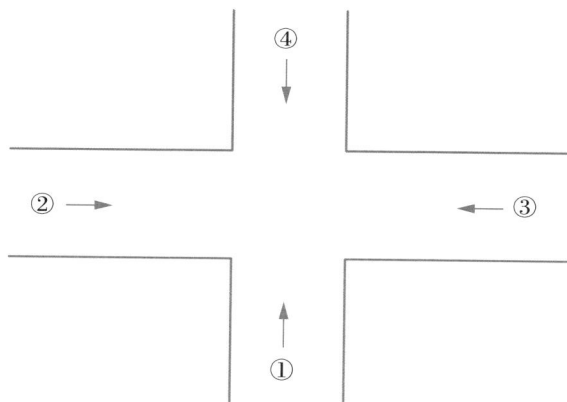

图 4-13　地图上的移动

"地图上的移动"问题必须反复进行练习，只要掌握了在十字路口的转弯方式，那么剩下的只有听取指令的问题了。"地图上的移动"和"方格上的移动"相同，必须要听完描述之后再进行移动。

在日本幼小衔接思维能力测评问题中，"地图上的移动"问题经常会出现。地图上并非有很多十字路口，只有一条路的情况比较多。比如，向右转几次弯呢？向左转几次弯呢？这同样要求孩子具备和在十字路口转弯相同的判断能力。

　　下面的问题可作为参考。

●观察地图，洋洋在回家的时候，有几次是向右转呢？请画上此数量的蓝色的○。此外，有几次是向左转的呢？请画上此数量的蓝色的△。

家

学校

# 方位描述领域能力自检表

## 小班（3—4 岁）

（1）在生活空间中，能够找到指示的场所。

（2）在生活空间中，能够使用"上下、前后、中间、旁边"这些语言来描述一个具体事物的位置。

（3）观察竖着搭的四个积木，利用"A 的上面（下面）"这样的表达方式，让孩子能够理解积木的位置。

（4）观察坐在公交车上的动物，对某个位置使用"A 的前面（后面）"这样的表达形式进行说明。

（5）不会在简单的迷宫中迷路，可以摸索找出道路。

（6）能够在 2×2 的方格上判断并对应相同的位置。（位置的对应）

### 家长笔记

_____

_____

_____

_____

# 方位描述领域能力自检表

## 中班（4—5岁）

（1）在生活空间中，能够找出指示的位置。

（2）在生活空间中，能够准确表达出一个具体事物的位置。

（3）观察竖着搭的 5 个积木，能够使用"在 A 上面（下面）的物品"这样的说法，掌握相对化的上下关系。

（4）观察竖着搭的 5 个积木，能够使用"从上面（下面）数第……个物品"这样的说法，表达位置关系。

（5）从竖着搭的 6 六个积木中拿出一个，能够选出在这个积木上面（下面）的积木。

（6）能够理解自己的右手和左手。

（7）能够按照指示在十字路口向左或向右转弯。

（8）能够在 3×3 的方格上判断并对应相同的位置。

（9）能够事先规划路线，在简单的迷宫中找到出路。

### 家长笔记

# 方位描述领域能力自检表

## 大班（5—6岁）

（1）在几个人排队站立的情况下，能够说明自己的位置是"从前面数第……个""从后面数第……个"。

（2）能够从竖着搭的 8 个积木中，对指定的积木进行说明，如"从上面数第……个""从下面数第……个"。

（3）能够理解自己的右手和左手。

（4）能够理解对面人的右手和左手。

（5）能够理解画中人物的右手和左手。

（6）能够走到十字路口，按照指示方向转弯。

（7）能够准确说明生活空间中放置的物品的位置。

（8）能够使用 4 种不同的说法对 5×5 方格上的某一位置进行说明。

（9）能够不用走到特定位置就能对放置水壶的角度进行推理。

（10）能够不用走到特定位置就正确推理出从相反的角度观察事物的样子。

（11）能够不用走到特定位置就推理出 2 件物品的 4 种位置关系（前后左右）。

（12）能够描画出从对面观察事物的样子。

（13）能够按照语言的指示在方格上进行移动。

（14）在一条路上进行移动的时候，能够理解向左转和向右转的次数。

（15）按照指示在地图上移动。

家长笔记

# 第 5 章

## 培养强大的数字能力

数学思维是学习能力评价的中心环节，培养数学能力强的孩子，和培养学习能力强的孩子是异曲同工的。

# 幼儿期学习数字的理想状态

幼儿期应该用什么方法来进行数学教育呢？能教到什么程度呢？我根据远山启先生所提倡的"原数学"这一概念，结合自己的理解与实践经验，编成了相应的教学内容和教学方法。我们来重温一下远山启先生的想法。

> "……说起学科教育，这本书的读者都会有疑问：这本书的内容在以前的数学教育中完全找不到影子。确实是这样。这本书中所涉及的内容无论是自然测量，分析综合，还是方位描述，所有的问题都是在以前的学校教育中所没有过的。但是，我们希望孩子们可以在开始进行小学数学教育之前就充分掌握这些内容。对于以前的学科教育，特别是开始数学教育之前，就有必要把这些学习作为基础准备。我们把这个概念称为'原教学'。我暗自期待这些在实践的基础上形成的各种内容和方法，对一般的幼儿教育有所帮助。"（《数学的第一步》日本国土社出版）

教育家远山启先生通过在日本八王子市的学校中进行数学教育实践，建立了一种"是否幼儿期的数学也能用同样的思维进行教育"的假设。其中一种就是借鉴水管式教学法的经验，设计了一种称为"数学的玩具箱"的教具。我们非常期待他能继续在实践的基础上，提出一些意见和建议，但是壮志未酬，远山先生就离我们而去了。我十分赞同他的见解，"在开始学科学习之前，有很多东西要学习"，以下是我所考虑的几个教育原则。

（1）数量学习的经验。即使没有教育场景，孩子们也可以在自己的生活游戏中进行经验累积，这些可以作为幼儿的"数量的自我教育"的现实基础。

（2）尽量在教室中还原生活经验的场景，让孩子们一边回忆生活经验，一边再现自己的数量概念。

（3）让孩子通过身体实际感知并学习非常关键，使用卡片教材和实物教材，以数量变化为重点，潜移默化地融入数量的概念，把其作为今后学习的基础。

（4）不能把小学中将要学习的内容提前到幼儿期。反对一切"尽早让孩子学会""年纪越小去学习小学的学习内容越好"的想法和尝试。

（5）绝对不为了提高加减法能力而让孩子进行计算练习。

（6）代替计算练习，思考培养孩子关于数字概念的逻辑思维能力的方法。

我自己一边贯彻这些原则，一边根据孩子的发展阶段、兴趣，设计了一些教学内容，具体如下：

（1）数量概念的基础——作为顺序基础的数量排序和作为集合基础的数量分类。

✎（2）加减法的基础——数量构成、数量合成、数量分解，一一对应（数量的多少），数量的增减，数量的交换。

✎（3）乘法除法的基础——一与多的对应；包含除法的基础；等分。

根据以上安排，我们设计了适合各年龄层次孩子的问题，并进行实践。比如，在大班的课堂中，以乘法为基础的"一与多的对应"问题是按照以下内容进行的。

### 1. 招待客人的游戏

（1）分别给 5 位客人每人 1 个杯子、2 颗牛奶糖和 3 张折纸。

（2）是否把所有准备的东西都给客人了，在有剩余或者不足的情况下，理解并提问是多少数量。

## 2. 制作玩具车

（1）把自行车的车体和轮胎分开放。比如，让孩子考虑制作 5 辆自行车的话，需要几个轮胎。改变数量，反复进行练习。

（2）把三轮车的车体和轮胎分开放。比如，让孩子考虑制作 4 辆三轮车的话，需要几个轮胎。改变数量，反复进行练习。

（3）把汽车的车体和轮胎分开放。比如，让孩子考虑制作 3 辆汽车的话，需要几个轮胎。改变数量，反复进行练习。

## 3. 制作袋子

（1）有 3 个袋子，在每个袋子中各放入 3 支铅笔的话，让孩子思考需要多少支铅笔。

（2）有 12 支铅笔，每个袋子中放入 3 支铅笔的话，需要多少个袋子。（包含除法的思维方式）

（3）改变铅笔的整体数量和一个袋子中放入铅笔的数量，进行练习。

# 幼儿数学教育中最重要的是什么

基于迄今为止的经验，我不断思考，幼儿期的数学教育中究竟什么是最重要的？

对幼儿期的孩子而言，计算速度快并不是最重要的。不能因为四岁的孩子可以背出九九乘法表，就说他理解了乘法的思维方式，只能说会背诵九九乘法表这个口诀而已。小学二年级的孩子基本上谁都能背诵乘法表。比起这些，更重要的是再现使用乘法思维的生活场景，使用实物让孩子积累思维的经验。

我们通过招待客人这个游戏，让孩子体会"一对多"这个概念。作为乘法思维的基础，把"一份的量乘以几份"这样的概念融入实物游戏中，让孩子掌握。在背诵九九乘法表之前，如果孩子可以理解这样的思维方式，那么他们就已经掌握了乘法的思维，在以后的应用题中也能很容易写出算式。

此外，加减法也是一样。我们绝对不会一开始就教 5+3=8 这样的算式运算。即便是数量相加的学习中，也不会单独将数字拿出来让孩子进行计算，而是要尽可能让孩子回忆生活经验，比如，听以下内容进行思考："大雄和小花去捡栗子。大雄捡了 5 个，小花捡了 3 个。两个人加在一起一共捡了多少个呢？"

像这样，基于日常生活中的场景，让孩子掌握数量的变化。进入小学后，在学习数学的过程中，孩子经常会有缺乏"想象力"

的情况。比如，在应用题中列不出算式，这种情况下，即便是有计算能力，也无法解题。这是因为大部分孩子学习数学的时候，一开始就面对抽象的数字，在条条框框里和数字打交道。这种情况对孩子而言是非常困难的。为了培养孩子的数学思维，应该基于现实，以在现实中发生的数量变化为基础，让孩子思考算式，引导他们思考并得出答案，这样才是科学的。

如今的数学学习，我个人把它称为"计算至上主义"。它并不是引导孩子思考如何把日常生活中的数量替换为算式，而是要求孩子快速地得出所给算式的答案。提高计算能力的训练固然重要，但是在幼儿期最重要的是，让孩子学会如何把现实的数字变化用算式体现出来，形成数学思维。算式对孩子来说是困难的，通过下面的例子我们就可见一斑。

幼小衔接思维能力测评中曾出现这样的问题："妈妈把大的蛋糕分成了 8 份。给了小花 3 块，给了小健若干块，现在还剩 1 块。请问小健得到了几块蛋糕？请在小健的盘子上用蓝色铅笔画上相应数量的△。"

我们在大班的课堂上，花了六个半月进行了类似的练习。基本上大部分的孩子能解答了。但是，进入小学学习加减法之后，同样的问题用应用题的形式问孩子的话，他们虽然能解答，但还是会有部分孩子无法列出算式。接下来，我们来看看孩子会列出怎么样的算式。

$8-3=5$　$5-4=1$　孩子认为答案是 4 个，不是 1 个

$8-3-4=1$　孩子认为答案是 4 个，不是 1 个

$8-3=5$　$5-4=1$　孩子认为答案是 1 个

以上几种，像 8-3=5 和 5-1=4 这种情况，孩子并没有像这样得出答案是 4 个，而是按照时间顺序列出式子。不拘泥于时间顺序，只要得出正确答案，应该列出什么样的算式呢？这就需要孩子具备逻辑思维能力。

我能预想出孩子会发生的错误，是因为在一年级出现过如此问题。"洋洋给了妹妹 5 颗弹珠，自己还剩 8 颗，那么洋洋一开始有多少颗弹珠呢？"

像这种问题，通常被称为"逆向思维"的问题，一般是在一年级向二年级过渡的时候学习的。如果看结果的话，可以看到各种回答方式。

13-5=8　孩子认为答案是 13 个，不是 8 个

8-5=3　　孩子认为答案是 3 个

8-5=13　孩子认为答案是 13 个（虽然算式不是 8+5，但答案是 13 个）

在一年级中，能够回答出 8+5=13 或者 5+8=13 这个正确答案的孩子并不是很多。比较多的答案是 13-5=8。13 被放到了式子中，这是完全按照时间顺序列出的式子，最初有 13 个，给了 5 个之后，剩下了 8 个。

虽然会数学运算，但是列不出算式的孩子每年都在增加。造成如此情况的原因是，很多家长不注重孩子的数学思维，认为会做四则运算就是具备了数学思维能力。更可怕的是，不光家长这样想，孩子自己也这么认为。实际上，如果没有具备数学思维，

就无法解决错列算式的问题。

上述的那些情况，现实中发生的数学变化和必须经过逆向思考的这种"逻辑世界""算式世界"之间，是存在一定的跳跃的，现实中虽然明白答案，但是列不出算式的情况很多。要列出算式，必须要有逻辑的支撑才可能实现。因此，我认为，幼儿期的数学教育并不是脱离现实，在抽象化的数字世界中进行运算，而是以现实中出现的数字变化为基础，引导孩子得出答案。如果只是单纯地让孩子练习运算，进入小学以后，孩子可能无法进行逻辑思维，只是一味追求计算速度快而已，因此必须要让孩子掌握数学思维。

错以为"数学只要计算速度快就可以了"这样的孩子实在太多。其实，数学的乐趣并非在于计算速度快，而是如何列出算式，如何导出答案。为了还给数学它本来的乐趣，家长首先要改变"计算至上主义"的思想。最近，一些幼儿园开始把小学中的数学内容简单化以后教给孩子，这样的尝试是很危险的。

在托儿所和幼儿园应该做的是让孩子在具体的生活经验上，形成数学思维。在这个前提下，托儿所和幼儿园要做的事情其实很多。对"智育"敬而远之的托儿所和幼儿园一旦开始"数字计算教育"，会变本加厉，错得更离谱。

# 幼儿数学教育可以进行到什么程度

回忆近 50 年的教学实践，我一直在思考："幼儿期的数学教育可以进行到什么程度？"目前，在上大班课的时候，我依然在思考幼儿期的数学教育究竟可以进行到什么程度，什么是最重要的。在实践的基础上，我整理了如下内容：

（1）不把运算练习作为教育内容。

（2）把数学教育建立在数量和空间的基础上，重视"自然测量"和"方位描述"的学习。

（3）不做单纯的运算练习，尽可能让孩子回忆自己的生活体验，尽可能把包括数量变化的生活场景讲给孩子听，让孩子自己思考。

（4）让孩子通过充分的实物操作，形成内在的数字感觉。

（5）要让孩子学会小学低年级的四则运算的思维能力是可行的，可以在上课过程中设置现实生活的场景引导并辅助孩子思考。

基于上述考虑，我认为到小学三年级为止的基本数学思维的基础在幼儿期的过程中就可以完成了。但是像"+、−、×、÷"这样的符号，还是在进入小学之后进行教授比较好，幼儿期重在培养与之相联系的思维方式。目前不少教育都流于形式，那么真正意义上让孩子掌握的"基础学习能力"是什么呢？老师和家长应该好好思考这一问题。我认为这是解决"学习能力低下"的关键。

# 数字概念练习注意要点

数学思维是学习能力评价的中心环节。培养数学能力强的孩子，和培养学习能力优秀的孩子是异曲同工的。但是，幼儿期的数学教育并不是让孩子尽早地开始学习像四则运算这样的小学数学学科所涉及的内容，而是应该在游戏、生活中增加孩子体验数学的机会，并且在体验的基础上，掌握加减乘除的思考方式，这不仅是为了提高运算能力，还是让孩子能准确列出算式，达到掌握逻辑思维能力的目的。

## 1. 关于生活用品的用途和材质

在分类问题的学习中，为了让孩子掌握数量概念中的重要部分——集合的概念，应该把事物的共同点作为中心来设计学习的内容。

第一步，以分类问题作为基础，加深孩子对生活用品的用途和材质的理解。准备好家中的厨房用品、文具、洗漱用品、木匠用品等，按照顺序询问孩子这些东西的名称、用途、材质等。这个阶段，孩子虽然知道物品的使用方式，但是有可能说不出物品的名称。比如，碗、小茶壶、大勺、茶杯、碟子等。此外，不理解材质属性的孩子也有很多。

孩子对物品有了深入理解以后，第二步，拿出两件物品，让孩子说出相同和不同之处。比如，"玻璃杯和陶瓷杯""茶杯和碗""汤锅和平底锅""筷子和汤匙"这样的组合。孩子对"共同点"理解到什么程度，这点是最重要的。孩子容易看到物品的颜色、形状、大小，在此基础上，我觉得加入用途和材质等思考的角度会更好。"比较两者的共同点"问题，在幼小衔接思维能力测评问题中经常出现，是分类问题的经典题型之一。

　　为了加深对生活用品的理解，还可以进行另外一个游戏——"我是谁"。这是从摆放的许多生活用品中，找出符合指示的特定物品的游戏。比如，如下的提示："我是切割工具，我不能锯木头，我不能切蔬菜和肉，我是谁呢？"在黑板上排列出包含"剪刀、锯子、菜刀"这三个物品的图画。听到第一个提示的时候，有孩子说答案是"菜刀"，也有孩子说答案是"锯子"或者"剪刀"。但是，根据第一个提示是无法确定的。在听了后面几个提示"不能锯木头""不能切蔬菜和肉"之后，孩子才能够明白答案应该是"剪刀"。

## 2 改变观察角度

　　接下来，使用画有生活用品图案的 8 张绘画卡片和 12 张图形卡片，通过各种不同的角度来进行分类练习。比如，准备了如图5-1 所示的 8 张卡片。

图 5-1　生活用品

　　首先让孩子使用这些卡片进行分类练习。孩子会按照不同的标准进行分类，其中大部分是按照平时一起使用的标准进行分类。

　　　　筷子——碗　　　　　菜刀——菜板

　　　　锅——大勺　　　　　杯子——汤匙

　　在此基础上，提问"还有其他的分法吗"时，有些孩子按照"厨房用品和餐具"，还有些按照材质"木——土（陶瓷）——铁（金属）"进行分类。同样的物品，按照不同的角度进行分类是比较难的问题。对孩子而言，他们会把目光聚焦于一个分类标准，并且一般很难跳出原有的角度。

　　接下来，使用 12 张图形卡片（见图 5-2），和上述一样，改变标准进行分类练习。因为使用的是画有图形的卡片，所以"颜色""形状""有没有角"等都是比较容易想到的角度，和生活用品相比，这些物品的分类标准比较容易找到。在思维能力测评中，经常会出现让孩子通过不同的角度对扑克牌进行分类的题目。请孩子充分练习这样的使用扑克牌进行"改变角度"的练习。

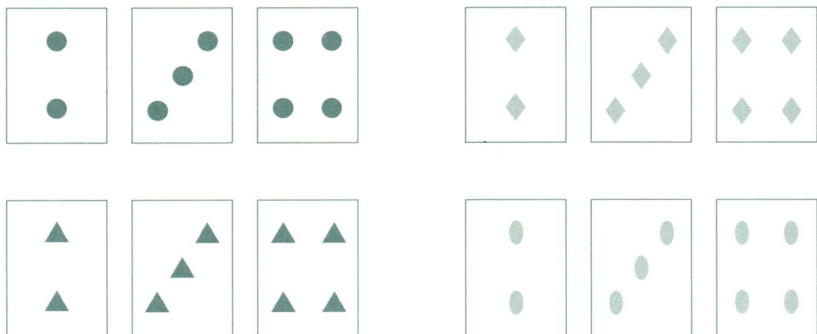

图 5-2　图形卡片

　　值得注意的是，这类问题中，最难的一种形式是指定了分类数量，比如，要求把 12 张扑克牌分成三类。为了分出三类，孩子就必须思考按照什么标准，这样就间接地提高了难度。

### 3　理解共同点

　　关于分类的幼小衔接思维能力测评问题有很多种，其中具有代表性的就是"集合同类""比较两者的异同"以及"改变标准进行分类"，考查的是孩子是否具备发现事物之间共同点的能力。所谓共同点，指的是除了颜色、形状、大小这些基本属性以外，还有用途、材质、技能等。分类问题的目标是让孩子尽可能快地找到事物的共同点。

　　幼小衔接思维能力测评中经常出现的"比较两者的异同"这类问题，要求就是准确把握事物的共同点，也就是比较两种事物，说出它们的相似点和不同点。对孩子来说，找相似点可能更困难一些。比如，如下几类题目。

　　● 请观察网球和高尔夫球，说出两者的相似之处和不同之处。
　　● 让孩子看两种球类（高尔夫球和软式棒球），这两种球，哪里是一样的，哪里是不一样的？
　　● 比较两件物品（"飞机和汽车""玻璃和木板""小鸟和狗"），说出它们的相似之处和不同之处。

另外也出过"比较两者的异同"这样的题目，出题方式也有很多种，比如，使用实物、绘画卡片、语言描述，等等。

## 4. 正确数数

为了让孩子能正确地数数，首先要让他们能够正确地唱数。大家可以在洗澡或是做什么的时候和孩子一起"数到 20 为止"。当然，孩子数得越多越好。总之，首先应该让孩子学会数到 50。这个阶段，家长必须要注意的是，像 19—20、29—30、39—40、49—50，从"9"变为"0"对孩子而言是有难度的，要注意充分让孩子练习。

等孩子能正确唱数以后，接下来就可以使用各种道具，从各种不同的角度让孩子练习"正确地数数"。刚开始，可以使用三种不同颜色的彩扣，让孩子按照颜色分开，并且数一数每种分别有多少个。大家可以发现，这一步就属于分类的问题。按照不同的颜色分开，是最基本的分类步骤。分类问题为什么在数量领域会备受重视，想必各位家长都能理解。因为数量本身就是由同类物体集合在一起构成的概念。而"同类"这个概念随着角度的改变，其内容也会变得多样。以前文的彩扣例子来说，"蓝色的彩扣有几个"和"一共有多少个彩扣"所要求的彩扣的集合是不同的。以数字为前提的分类问题，我们在讲述分类题型的时候会再次提到。

下一步，三种颜色的彩扣各取 13 个、15 个、18 个，把它们混合在一起交给孩子。孩子通常会先按照不同颜色进行分类，然后为了数起来方便，会把彩扣分别排成一列之后再数数。随着数量的增多，有些孩子会出现数错一两个的情况。出现错误最多的

小熊教室场景·数数

原因是，口中数的数字和手指指的动作不配合，从而发生了手快口慢或是手慢口快的问题。

接下来是从 30 个彩扣中按照指示拿出正确的数量的题目，可以主要就 13 个、19 个、23 个这三个数量进行练习。13 个的话，大多数孩子可以正确回答。到了 19 个，就会有部分孩子出错。到 23 个时，能够拿出正确数量的孩子只占全体人数的 20%—30%。

最后是根据响板发出的声音数量拿出相应彩扣的题目，也就是"声音计数"。数量大多数是 10 个。"声音计数"的难度在于发出的声音速度快慢不同。把自己数数的频率，和发出声音的速度配合起来，这一点对孩子来说是比较困难的。因此要让孩子充分练习，达到数数速度能和声音速度匹配的程度。

## 5. 数量的构成

在"比较大小"和"位置关系"的问题中，会进行"第……个"

的排序，这是和顺序思维有关的内容。数字问题中，有顺序和集合这两个不同的方面。比如，同样是"5"，可以表示"第五个"，也可以表示物体有"5 个"的情况，让孩子准确掌握这两者的区别是十分重要的。除了顺序以外，让孩子理解集合数的概念，学习数量的构成也非常重要。我们可以从"5"开始，一点点增加到"10"，充分让孩子体会和掌握各个数量的构成。

5 等于 4 加 1，那么 3 加 2 是什么呢？孩子要做到不扳手指，而在脑中进行思考（熟悉默化）。一开始，用实物让孩子练习数量的构成，通过这样的游戏让孩子熟悉默化"5"的构成。其实，在大班的课堂中，"5"左右的数量是不难的，但是，问题在于总有 20%—30% 的孩子需要扳着手指进行计算。当然，对于这些孩子来说，手指就相当于他们计算的"武器"，不过为今后着想，必须得让他们形成在脑子里思考的习惯。因此，还是要通过观察实物，操作实物，让孩子多多积累数量构成的经验为好。

下一步，加深对数字"5"的理解。家长可以说一个"5"以下的数字，让孩子再说一个数字，加起来等于"5"。可以一边让孩子回忆游戏，一边尽可能快速准确地说出答案，这一步需要反复练习。

等孩子充分理解数字"5"的构成以后，接下来就可以学习数字"10"的构成了。为什么直接跳到"10"呢？因为比起"8""9"等数字，我们认为"10"这个数量更加贴近孩子的生活。当然，6—9 的数量构成，请使用相同的方法在家中进行学习。

学习的方法有很多种。但一开始还是从"再加多少就等于 10"这样"10 的补数"和"10 的数量增减"开始练习为好。随后，可以在 3 × 3 的方格上填入部分数字，然后要求无论是竖着还是横着加

起来的数量都为"10"，要求孩子在空着的格子里填上数字。我在
练习时增加了一些游戏性，变成了如图 5-3 的问题。

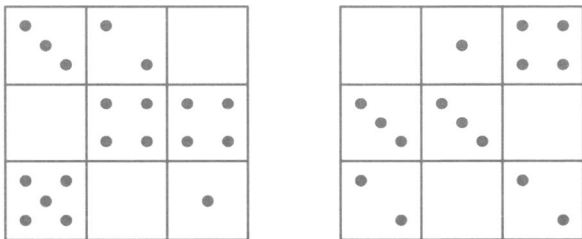

图 5-3　10 的构成

小熊教室场景·数的构成

6. 一一对应

比起数量的构成，"哪边多，多几个；哪边少，少几个"，这
是在日常生活中必需的能力。两种物体之间数量差异的思考方法，

是和今后减法"求差"有关的数学思维。为了能顺利求出物体之间数量的差异，必不可少的操作就是"一一对应"。

孩子在比较数量时，首先是数数。数出两种物体的数量，然后思考哪一边多，多几个；哪一边少，少几个。如果到这一步都可以解决，那就没问题。如果数量比较多或是差异比较大，无法在脑子里解决，就需要进行一对一的比较，也就是一一对应。

为了让孩子理解"对应"这个概念，我们可以使用"杯子和吸管""瓶子和盖子"或者"花瓶和玫瑰花"这样的具体物品作为素材进行练习。刚开始，可以让孩子数数，等他们回答以后，提问"还有其他什么办法吗"，引导他们去操作，比如，在瓶子上盖盖子，在每个杯子里放入一根吸管，或者在每个花瓶里插入一枝玫瑰，通过操作来比较。最后，"多了3根吸管""少了3个杯子"，孩子会注意到两种物体数量之间的差异。我们可以通过让孩子掌握这种一对一的比较操作，来理解"一一对应"的概念。

除了这些生活中配套出现的物体以外，接下来可以使用彩扣，

小熊教室场景·一一对应

让孩子比较两个颜色的彩扣。或者可以把孩子分成两队，比赛把小球投入教室中间的盒子里，最后看一看哪组胜利了，赢了多少个；哪组输了，输了多少个。

　　玩上述游戏的时候，我每次都会向孩子提问："我想知道哪边胜利了，怎么做才好呢？"于是出现了下列很多答案："尝试数数""在地板上把红球和白球一个对一个排队""两方一起开始抛球，谁先抛完就是输了"。

　　家长可以采用这个方法，把红球和白球一对一同时扔出，同时让孩子思考一下，这样的比较方法有什么意义。

　　作为两种物体的比较方法，根据不同的物体可以使用不同的方法。而作为求差的提问，也有下列五种："哪边多？""哪边少？""哪边多，多几个？""哪边少，少几个？""如果想让它们数量变成相同的话，应该怎么办？"

　　家长一定要让孩子习惯思考上述的问题，特别是"哪边多，多几个"这样的问题。有的孩子只会回答"红色"或者"2 个"，大多数孩子都回答不出"红色，多 2 个"这样的答案。即使能够正确回答出"哪边多，多几个"，但是问题变成"哪一边少，少几个"的话，又会有很多孩子把数量少的那部分物体的总数量作为答案。比如，8 个红色和 11 个白色，答案应该是"红色的少 3 个"，但是很多情况下，孩子会出现"红色的少 8 个"的错误答案。

## 7. 连线

　　在前项使用具体事物进行对应比较的时候，给瓶子盖上盖子，在瓶子里放入吸管，在花瓶里插上花，可以把东西一一对应后进行比较。而在书面练习的情况下，用这些方法就行不通了。这时候，为了将实物"对应"起来，可以用"连线"的方法进行替代。

这个"连线"的方法在处理书面问题时，是十分有效的。但是要注意的是，"连线"是为了代替"给每个人戴上一顶帽子，在每一个杯中插入一根吸管"这些行为所进行的操作，并不是真的把它们用线连在一起。这一点希望能让孩子理解。

## 8. 找出"比……多……个"的数量

作为数量的另一个应用问题，以某一具体数量为基准，让孩子思考与这个数量相比多几个或少几个。比如给孩子 5 个彩扣，思考比它多 2 个的数量，或者比它少 3 个的数量之类的问题。

小熊教室场景·比较多少

以水果或蔬菜作为例子，让孩子思考"比橘子多 3 个的东西是什么"。换个角度，这就变成了"数量构成"的问题。这些都会成为小学入学后学习加减法的基础。

从孩子课堂的情况来看，"比……多几个"这一表达，大多数孩子都能够理解。但是，如果提问"请拿出比 5 个少 2 个的彩扣"，不少孩子只会拿出 2 个彩扣。这是因为孩子在比较的时候，忘记了"比……"这一比较的基准数量。另外，"比……少……个"这样的表达方式，在生活中也很少使用，这也是导致孩子无法理解的原因之一。

比如，在比较 7 个黄色和 9 个蓝色彩扣时，孩子能说出"蓝色的多 2 个"，但是却说不出"黄色的少 2 个"这样的表达。像这种情况下，回答"黄色的多 7 个"，把少的物体的整体数量作为答案进行回答的情况时常会发生。因此，在日常生活中不仅要练习"比……多……个"这样的表达方式，还要让孩子练习并积累"比……少……个"这样的经验。

### ③ 生活数量的等分

等分的数学思维，是在小学三年级中需要学习的"除法"的基础。另外，把物体的数量进行等分的能力，无论在生活中还是在游戏中都是必备的。对孩子来说，这是结合了日常生活经验的学习内容。家长可以利用孩子生活和游戏中的场景，使用各种各样的物体来练习等分。

等分从需要分割的素材的角度来看，可以分为"连续数量"的等分和"非连续数量"的等分。此处的"连续数量"指的是我们在自然测量中使用的物体，如水、绳子、黏土、纸张等，它无法被分成 1 个、2 个，只能使用容器或者其他单位来等分。而"非连续数量"指的是，有最小单位"1"的数量，可以作为其他数量的测量单位。

小熊教室场景·等分

第一步，可以进行连续数量的等分，比如，水的 3 等分，绳子的 2 等分或者 4 等分，折纸的 4 等分等。练习的基础是 2 等分，也可以让孩子进行 3 等分和 4 等分的练习。把一杯水进行等分，如 2 等分，就是把水倒入同样的两个杯子，两个杯子里的水量保持相同，这对孩子来说是比较简单的。而把一杯水进行 3 等分，杯子变多了，倒水的操作也会变得难一些。

进行 4 等分时，无论用什么材料，一定要让孩子掌握"把 2 等分后的物体再进行 2 等分"这种办法。如果一开始就试图通过目测将物体分成 4 份同样的量，难度是非常大的。但是，如果先进行一次 2 等分，然后再进行一次 2 等分的话，就大致能够完成 4 等分（如图 5-4）。

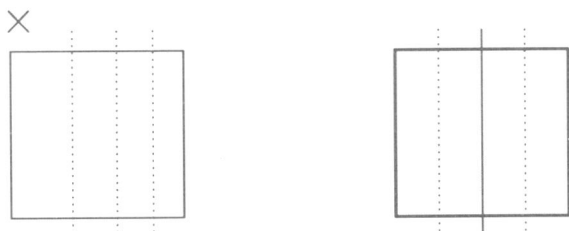

图 5-4　4 等分

　　这种办法在用折纸进行练习的时候，会比较容易掌握。如果要把折纸进行 4 等分，基本上就是折成 4 个正方形或是 4 个三角形。这种情况下的折叠方式就是先对折，再对折，孩子能自然而然地掌握。但是，同样的折纸，要分割出 4 个长方形的情况时，有很多孩子却不会用"对折再对折"的办法。有些孩子会从一端画出适当大小的折痕，但是大小很难掌握，有时候会分割出 5 个正方形，或者即使分割出了 4 个长方形，有的会过大，有的会过小。造成这种情况的原因，也有可能是在折纸游戏中很少让孩子等分出 4 个长方形。

## 10 非连续数量的等分

　　非连续数量的等分练习最好是使用彩扣进行。因为非连续数量基本都是 1 个、2 个等可以进行数数的物体，所以难度不会因为素材的不同而发生变化。只要掌握方法，无论什么样的物体都可以等分。但是，这样的情况下，不仅会出现没有余数的情况，还存在有余数的情况，这一点对孩子来说有难度。

首先，进行没有余数的练习，然后再进行有余数的练习……按照这样的顺序学习比较好。在有余数的情况下，比如，4 等分的场合，余数为 1 个还是 3 个，难度是不同的。1 个的情况，孩子可以很快发现。3 个的情况，孩子可能无论如何都想把剩下的数量再进行等分，即便告诉他们"停下"，大多数孩子都不能停下。所以，在有余数的情况下，首先应该让孩子掌握的方法是把物体"一个一个地进行分配"。

一轮分配结束后，思考一下剩余数量和人数的关系，看一看是否可以再继续分配，或是已经不能再分配。这样一边思考一边进行分配，进行完一轮分配之后发现错误再进行修正（重新开始新的一轮操作）。上述过程，其实在思维的层面上很困难，所以必须谨慎操作，分配过程非常重要。非连续数量的等分的情况下，必须让孩子经常练习有余数的题目。

## 11. 招待客人的游戏

"一与多的对应"指的并不是一对一，而是一个对应两个或两个以上数量情况中使用的思维方式，这也是小学二年级后半阶段需要学习的乘法思维的基础。所谓乘法思维，是指在背诵九九乘法表之前要学习的数学思维。乘法思维的基本是一份的量乘以几份，这个"一份的量"就是一对多问题的关键之处。"2×5""5×2"的答案虽然相同，但是必须要让孩子了解并区分这两个算式表达出的意义是不同的，因此应该从现在开始培养孩子的思维。

这个过程中，可以让孩子扮演主人、客人等角色，为了让他们更加入戏，回忆出现的生活场景，还可以让孩子收拾桌子、摆盘子。之后，让孩子分配牛奶糖、折纸、铅笔等物品，算一算一共需要多少个；或让孩子算一算准备的东西是否足够；如果准备不足的话，还需要准备多少个等这样的问题。

## 12. 制作玩具车

基于日常生活经验让孩子学习一与多对应的思考方式，可以通过让孩子完成"制作玩具车"的问题，来学习一与二到一与四的对应。1 辆自行车有 2 个轮胎，1 辆三轮车有 3 个轮胎，1 辆汽车有 4 个轮胎，像这样，通过制作车辆来让孩子熟悉一与二到一与四的对应。

给孩子 20 个彩扣和一个盘子，然后给孩子看 4 辆没有轮胎的自行车的画，向孩子提问："为了让这 4 辆自行车全部可以运转的话，需要拿来几个轮胎比较好呢？请在盘子中放入同样数量的彩扣。"然后观察孩子，有的孩子一边观察黑板上贴着的自行车，一边数"1、2、3、4"。有的孩子在车的前轮和后轮上放置彩扣，和黑板上的自行车进行对应，拼了 4 辆自行车，然后把所有的彩扣放入盘子。还有的孩子拿出 2 个彩扣，说"1 辆，2 辆……"，然后在盘子里放入 4 辆自行车所需要的轮胎。其实，让孩子按照自己的方式解题就行了。但是为了应对此类题目各种各样的出题方式，我们建议，让孩子拿出 2 个彩扣作为一辆自行车所用的数量，再拿出 2 个彩扣作为第二辆自行车所用的数量，这样的解题方法比较有效。

此外，还有如下的问题："有 6 位客人，如果给每人 3 个橘子的话，需要多少个橘子呢？请画出相应数量的橘色的○。"

为了方便理解，可以画 6 个客人。但是这个题目仅仅只有语言指示。像这样的情况，不需要得出答案为 18 个以后才画出所有的橘色的○。第一步，可以画给一个人的 3 个橘子，然后再画给第二个人的 3 个橘子……像这样一次画 3 个○，重复进行 6 次，就可以得出结果为 18 个。

一个人所需要的个数（一份的量），然后重复几个人，这就是幼儿期"一与多对应"学习的关键。一下子得出答案为 18，这些运算的能力可以等进入小学以后再培养，掌握得出全体数量的方法更为重要。在家进行练习的时候请各位家长也一定要注意这点。

## 13. 制作袋子

"一与多对应"的问题，是从每人所需要的个数和总体人数得出全体数量的问题。而反过来，还可以把全体的数量分成每人一份，思考能分成几人份这样的问题。这个是三年级需要学习的除法中的整除概念。

比如，总共有 12 支铅笔，每 3 支铅笔放入一个袋子中，需要准备多少个袋子？我们可以把放入袋子里的 3 支铅笔看作一个整体，像这样把几件物体作为一个集合，把这个集合作为"1"，这种思维方式也是进入小学之后的重要内容。请家长在家中训练时注意改变全体的数量和放入的数量让孩子反复练习。

## 14. 根据故事加减数量

接下来，我们来学习在小学需要学习的加减法的数学思维的基础。在幼儿期，没有必要使用 +（加号）、−（减号）。但是有必要让孩子掌握在脑中想象数量变化的能力。

想要让孩子在小学一年级的应用题中准确掌握数量的变化，迅速地把数量变化替换成算式，这个基础在幼儿期就应该培养。从现阶段起就有必要使用实物进行训练。

第一步，听故事，关注数量的变化，推断最后会变成多少。可以使用彩扣，把它看作人或者车，把数量的变化通过彩扣进行操作。然后不使用实物或者手指，仅仅在脑中想象数量的变化。

这类"数量增减"的问题在幼小衔接思维能力测评中会经常出现。接下来我们看几个典型的问题。

（1）有 5 只麻雀停在电线上。其中 3 只飞走了，又来了 2 只，现在一共有几只麻雀呢？请画出此数量的 ○。

（2）停车场里停着 5 辆车，开走了 2 辆车。过了一会儿，又来了 1 辆车。请画出和现在停在停车场里所有汽车轮胎数量相同的 ○。

（3）有许多苹果，长颈鹿吃了 4 个，猴子吃了 5 个，结果就没有了。一开始有几个苹果呢？请拿出同样数量的积木给老师看。

## 15. 有规律的数量增减

关于"数量增减"的另一类问题就是根据规律来进行数量的增减。在这类问题中,变化的数量事先就决定好了。比如,"通过○的话数量增加 1""通过□的话数量增加 2""通过 △ 的话数量减少 1""通过 ◇ 的话数量减少 2",在这样的规律下,让孩子思考特定数量通过某一个图形之后会变成几。

如果孩子在充分理解规律之后,能够牢牢掌握每次通过形状后数量会发生什么变化的话,这些当然不是非常困难的问题。但是,对每次数量变化的操作需要耐心,这对孩子而言是比较困难的。除此之外,有时候有 4 个规律,孩子在进行解题的时候会前做后忘,结果这一问题的难度就变大了。解决这一问题的关键点是在通过每个形状的时候,把结果的数量标示在图片旁边。如图 5-5 所示在通过的形状旁边画上黑色的点(·),这样就能明显看出数量的变化。

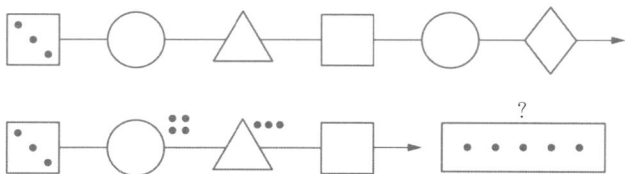

图 5-5　数量的增减

这种"数量的增减"问题会在小学一年级的应用题中出现。孩子事先多多练习这种类型的问题,进入小学以后就能自信地解题。

# 数字概念领域能力自检表

## 小班（3—4 岁）

（1）能够正确数到 10（唱数）。

（2）能够正确数出 7 以内的具体物体的数量。

（3）能够从多个数量中根据指示拿出 5 以内的彩扣。

（4）能够发现和数量 5 以内的具体事物相同数量的物品。

（5）能够进行一一对应，理解哪一边多（少）。

（6）能够按照"每人 3 个"这样的标准进行分配。

（7）在分配"每人……个"的时候，能够判断是否有剩余。

（8）关于 5 以内的数量，观察并记忆绘画卡片，能够拿出相同数量的物品。

（9）能够说出不同生活物品的名称和用途。

（10）能够根据用途进行同类集合。

（11）实物操作时，能够判断出非同类物品。

（12）能够区别非同类物品，并说明原因。

家长笔记

# 数字概念领域能力自检表

## 中班（4—5 岁）

（1）能够正确数到 30（唱数）。

（2）能够按反顺序说出从 10 到 1 的数字。

（3）能够使用实物或在纸上进行正确地数数（10 以内）。

（4）能够从多个数量中按照指示拿出同样数量的彩扣（10 以内）。

（5）听声音，能够分辨出响了多少声。

（6）能够使用实物或在纸上发现相同数量的物品。

（7）进行一一对应，能够理解两种物品数量的多和少。

（8）能够拿出"……辆"自行车和汽车轮胎数量的彩扣。

（9）能够理解分配给每人……个。

（10）给每个人分配……个的时候，能够判断是否有剩余。

（11）能够理解 5 的构成（从剩余的数量推断消失的数量）。

（12）能够理解两个人分 5 件物品的时候，如果一个人拿到 2 个，另一个人可以拿到 3 个的事实。

（13）能够对连续数量进行 2 等分。

（14）能够对 10 个彩扣进行 2 等分。

（15）对奇数数量的物品进行 2 等分的时候，能够判断会有剩余。

（16）能够说出各种生活用品的名称和用途。

（17）能够根据用途进行同类集合。

（18）能够理解具体事物材质的不同。

（19）实物操作时，能够判断出非同类物品。

（20）能够区分非同类物品，并说明原因。

家长笔记

# 数字概念领域能力自检表

## 大班（5—6 岁）

（1）能够正确数到 100（唱数）。

（2）能够从 30 个彩扣中根据指示拿出（13、19、24）的彩扣。

（3）再加几个才能变成 7 呢？孩子能够不使用手指回答问题。

（4）能够理解 3 组数字组合加起来等于 10。

（5）能够尽量快速地从许多绘画卡片中找出相同数量的物体（10 以内的数量）。

（6）比较两件物品，理解哪一边多（少）。

（7）能够理解为了凑成相同数量，再把"……个"加入数量少的一方。

（8）能够理解"比……多（少）"的数量。

（9）比较两件物品，说明两者的相似之处和不同之处。

（10）改变角度对生活用品进行分类。

（11）从 5 个实物中找出非同类物品，并说明理由。

（12）对连续数量（黏土、水、豆子、绳子、折纸等）进行 3 等分。

（13）能够完成有余数的等分（2—4 等分）。

（14）对整体数量按照一定数量归纳成集合时，能够理解可以分出几个集合以及剩余几个。

（15）对 5 位客人分配指示数量的物品时，能够理解每种物品分别需要准备多少个（一与多的对应）。

（16）分配给多人指定数量物品的时候，能够理解剩余多少或者缺多少。

（17）听故事，关注数量变化，理解数量的增减。

（18）为了把两人分别拥有的物品凑成相同数量，能够理解应该给哪一方几件物品（数量交换 A）。

（19）两人拥有相同数量物品时，能够理解进行数量交换之后的数量差异有多少（数量交换 B）。

（20）听生活场景的故事时，能够心算两个以上不同的数量（四则运算），并能够求出答案（复合的数量问题）。

家长笔记

# 第6章

## 培养敏锐的图形感知力

图形思维是支撑数学学习能力的重要支柱，儿童数学方面的学习能力差距和他们对图形感知能力的高低有着密切关系。

# 幼儿期应该学习的图形问题

2002 年 4 月 1 日日本开始实施的《学习指导要领》中，小学数学学科内容是由以下四大重要部分构成的：数字与计算；数量与测定；图形；数量关系。[1]

其中，图形领域需要学习什么内容呢？比如，三年级学生的学习内容中有如下规定：通过对实物形状的观察和构成等活动，对基本图形有一定的理解。

✐ （1）通过观察和制作箱子形状的物体，了解构成图形的要素。

✐ （2）掌握图形构成的要素，了解正方形、长方形、直角三角形等，可以分别描绘、制作，在平面上拼出这些图形。

上述观点贯穿整个小学，但是不同年级学习的图形内容是不同的。二年级学习的是三角形和四边形，四年级学习的是等腰三角形、正方形和圆，五年级学习的是平行四边形、菱形和梯形，六年级学习的是立方体、长方体、三棱柱和四棱柱。作为学习内容，学生需要了解各个图形构成的要素，能够描绘和制作各类图形。在此过程中，四年级和五年级学生需要学习求面积的方法，

---

[1]编者注：中国义务教育阶段的数学课程内容分为"数与代数""图形与几何""统计与概率""综合与实践"四部分内容，与日本小学阶段数学的课程内容相似，注重发展学生的数感、空间观念、几何直观、推理能力和模型思想等，注重培养学生的应用意识和创新意识。（更多内容详见《义务教育数学课程标准》）

而到了六年级，作为"数量和测定"的学习内容，需要学习求体积的方法。

综上所述，小学阶段对图形的学习目标是，通过观察、制作描绘图形的过程，加深对图形的理解。以四则运算为中心的数字学习是比较容易理解的，图形的学习不如数字那般明确，理解起来有一定的难度。在思考和设计幼儿期基础教育的教学内容时，我们也遇到了同样的困难。

小熊教室场景·图形构成

# 提高孩子理解空间概念的能力

"人类是否生来就具备空间概念呢？"从古至今许多哲学家和心理学家都对此进行了研究。著名的心理学家皮亚杰在他的著作《儿童的空间概念》中对这一问题做了一些解释。他否定了人生来就具备空间概念的说法，主张在孩子出生进入物质世界后，通过长时间的体验和学习，才会形成如此抽象和高度概括的概念。

随着空间运动感官的不断发展，孩子开始拿东西，重复尝试把东西拿在手里观察……如此这般，孩子会反复进行探索空间的认知活动。这些认知活动并不是受到影响的被动性活动，而是孩子作为认知主体去探索空间的主动性行为。伴随这些认知活动的发展，孩子的空间概念也慢慢开始拓展。

那么，在不同的发展阶段，应该掌握哪些概念呢？皮亚杰将其分为三个阶段，具体如下：

第一阶段，从拓扑关系确立的空间概念；第二阶段，投影式的空间概念；第三阶段，欧几里得的空间概念。

拓扑的空间概念是什么呢？比如，圆形和四方形两者都是闭合的形状，因为没有断点，是连续闭合的形状，因此这个阶段的孩子区分不出这两个形状的区别。也就是说，孩子不会注意大小、几何的形状或者角的各种关系，而是处于关注图形是否闭合、图形离得近还是离得远、中间是否有图形、外面是否有图形等抽象观察图形性质的阶段。

连续投影式的空间概念是指，能够使用某一观点把不同的物体联系起来进行观察的阶段。比如，确定目标以后，把几个点排列成直线状。最后一个阶段，欧几里得的空间概念是指，根据水平—垂直这样的结构，能够准确判断位置，并能够确定距离、大小、角度、平行这些所有的概念。（参照《皮亚杰的认识心理学》，日本国土社出版）

# 怎样设定幼儿期的图形问题

　　在日常课堂上，我们对图形问题进行指导时，往往会有"为什么不同孩子的理解力和解题时间会出现如此大的差距呢"的困惑。比如，"图形构成"的问题，让孩子使用 8 个三角形的拼图拼出和样本相同的形状。小 A 可以在 3 分钟内拼出 6 个和样本一样的形状。而小 B 花费 10 分钟只做出了 2 个。除了熟练与否的问题，还有什么因素造成了这样的差异呢？

　　如果以完全旁观的态度来看的话，只能说导致这一差异的原因是图形感知能力，是感官感觉的问题。用皮亚杰的观点，这是孩子从出生至今不断认知外部世界的结果。数学思维的培养，可以制订明确的学习目标，然后只要通过积累一个个解题经验就可以形成。但是图形感知能力，并不是学习了某一个问题就可以理解掌握。刚才提及的小学指导要领中"观察和描绘制作等的活动"是非常重要的。在皮亚杰分析的幼儿空间概念发展阶段的基础上，我们围绕幼儿期的图形教学应该如何开展，基于实物操作的经验，进行了多年的研究和实践。最终，我们整理了如下观点，为各个年龄段的孩子设定了不同的训练内容。

### 1. 图形的特征

　　（1）理解基本图形（平面、立体）。

（2）发现同样的图形。

（3）秘密袋（根据触摸把握图形特征）。

## 2. 临摹图形

（1）临摹线条和图形。

（2）把缺少的部分补充完整。

（3）连点成图。

（4）临摹立体图形。

## 3. 图形的构成

（1）平面构成（三角形拼图，基本图形拼图）。

（2）立体的构成（积木构成）。

（3）重叠图形。

## 4. 图形的分割

（1）平面图形的分割。

（2）立体图形的分割。

（3）对称图形。

# 幼儿期图形学习的中心
## ——图形构成

　　作为进入小学之后图形学习的基础，在幼儿期必须重视培养孩子的图形感知能力。如前所述，幼儿期的图形教育主要需要孩子掌握四部分的内容——"图形的特征""临摹图形""图形构成""图形分割"，每部分都包含了将来进行图形学习需要的图形思维的基础。从孩子快乐学习的角度来看，我认为以"图形构成"为中心进行幼儿期的图形教育是最好的。"图形构成"以拼图为主，无论是谁都可以愉快地进行活动。不仅仅是乐趣，"图形构成"作为图形学习的中心的理由，还有以下几条。

　　（1）图形构成是最需要孩子自己动手操作的学习内容。

　　（2）在完成问题的快乐中，包含许多培养孩子图形感知能力的机会。

　　（3）可以培养图形分割所需的画辅助线的基础能力。

　　（4）为了培养幼儿期孩子的思维能力，需要让孩子掌握必要的"改变观察角度"的能力。

　　基于以上这几点，我们开发了许多拼图类的题目，应该如何使用呢？我以为有必要事先阐述使用的顺序。拼图类的题目是可以在家里进行的最好的图形教育，因此请一定不要弄错顺序。

　　第一步，使用图片拼图比较好。图片拼图可以增加孩子练习时的愉悦感。拼图的片数应该根据年龄的不同而有所不同。刚开始的时候，20 片左右是最好的。

　　第二步，使用略微抽象的基本图形拼图，来构成基本图形。这样的练习，能够让孩子自己思考如何进行排列组合，效果最好。第一步中孩子最终是为了完成图画。而基本图形包括圆形、三角形等，虽然抽象但都是日常生活中能接触到的，对孩子而言容易留下印象。

　　第三步，使用三角拼板。使用多块同样的三角形拼板可以构造出不同的图形，在此活动中，可以让孩子掌握在将来学习（特别是面积的学习）中需要具备的"三角形分割"的图形思维。此外，在让孩子按照样本完成图形的练习中，也可以让孩子反复变换角度进行，积累"改变角度观察"这一重要的学习经验。

　　立方体积木（8块／套）可以用来训练孩子对立体构成的基础认知。家长可以利用家中的积木等进行立体图形的记忆训练。

小熊教室原创教具

# 图形构成以外的重要问题

整个图形问题中，除了图形构成以外，还有许多其他的部分。在实物教育的基础上，为了让孩子能够顺利进行书面练习，我们开发了很多单元练习册。现在就把除了图形构成以外的重要问题，简单地归纳如下。

## 1 图形的特征

小学的学习指导要领中要求的"观察"，也就是要让孩子掌握图形的特征。我们设计了"比较两个图形或者两幅画，阐述它们的相似之处和不同之处"这样的题目，其实是让孩子观察两者的异同，这也是图形学习中的基本能力。"发现同类图形"就是其中的典型，观察的基本方法就是用眼睛进行判断。

此外，我们也设计了不用眼睛，仅仅根据触感来分辨两者异同的"秘密袋"的教具（图 6-1）。这可以作为另一种让孩子掌握图形特征的方法，是和孩子发展阶段相适应的问题。用手触摸，找出相同的物体，用语言把特征表达出来，或者把摸到的物体在纸上描绘出来……练习的方法是多种多样的。"秘密袋"的教育意义在于让孩子不用眼睛，仅通过触感进行想象。

图 6-1　秘密袋

## 2. 临摹图形

不仅仅是使用眼睛观察特征，把图形描绘出来也是十分重要的能力。虽然统称为"临摹图形"，但是其中涉及很多其他方面的内容。就算是画出和样本相同的图形这种看似简单的问题，对部分孩子而言也是很困难的。特别是临摹菱形的时候，四边斜线的画法对孩子来说就是一大难点。另外，以立方体为代表的立体图形的临摹中，让孩子搞清几个面之间的关系也不容易。我们希望孩子在小学之前，可以描绘出三角形、菱形以及立方体等图形。

## 3. 图形的分割

图形分割和图形构成是互补的关系。分割所需要的思考方法可以在图形构成中让孩子掌握。在每个复杂的图形中，发现构成其的基本图形，这是在将来的图形学习中所需要的能力，比如，在求面积的过程中，就必须把整体分割成几个部分。为了解决此类问题，应该从幼儿期开始就让孩子多多练习。作为分割问题中的特例，我们把对称图形也放在这里。制作对称图形需要把折纸对折后再剪开的操作。请家长务必不要忘记这类问题，让孩子在家中多多进行练习。

小熊教室场景·分割图形

# 图形练习注意要点

图形思维是支撑数学学习能力的重要支柱。如果家长看过小学的学习内容就可以清楚得知，数学方面并没有设置很多的学习内容。但是，从面积和体积的解题中，我们就可以明显看出不同孩子之间学习能力的差距。这些差距和孩子的图形感知能力的高低有着密切的关系。在幼儿期的图形学习中，为了培养孩子的图形感知能力应该做些什么？我们把与图形相关的问题，大致分为平面图形和立体图形，并以此为依据设计了教学内容。

## 1. 基本图形

我们把圆形、三角形、正方形、长方形、菱形这五个图形称为基本图形。为了加深孩子对基本图形的理解，应该使用各种素材进行学习。家长首先要确认的是，孩子能否正确说出图形名称，和其他图形比较时，能否说明不同之处。然后，是否可以使用纸张、黏土和竹签等物品表现图形的特征。最后，是否可以准确描绘并表达出图形特征。

我们应该把上述几点作为学习目标，首先，让孩子用折纸、竹签等剪切并拼凑出基本图形，以此实际掌握图形的特征。先让孩子使用折纸折出长方形、三角形或正方形等图形，然后把图形剪下来。这一步是和数量的等分有关的问题。接下来，用竹签制作出指示形状。这个题目对孩子而言有难度。这是因为要关注边的长度，而这个时期的孩子很难集中于"长度"这个角度。在长度不同的两种竹签中，应该选择哪一种？从这个角度来看，正方形、长方形、三角形、菱形之中，长方形是最难的（见图6-2）。为了能选出两长两短的竹签，孩子必须充分掌握长方形的特征。

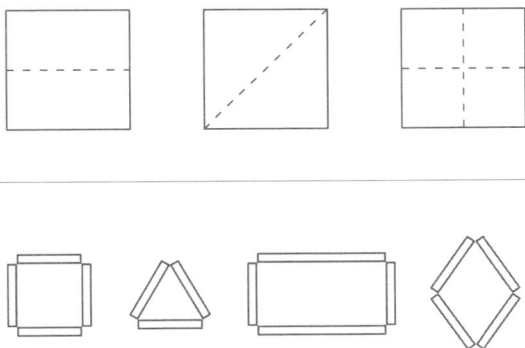

图 6-2 制作图形

## 2. 正确画出菱形

在熟练使用折纸和竹签构造图形之后，接下来要进行的是临摹的练习。虽然我们希望孩子能把五个标准图形都正确地画出来，但是对于4—5岁的孩子来说，把菱形画成什么样子就变成了一个评判的标准。我们经常让第一次见面的孩子画菱形，以便来大致判断这个孩子的图形能力。另一个标准是在进行菱形描绘之前，孩子可以多熟练地画出三角形和倒三角形。为什么倒三角形和菱形对孩子而言那么难呢？可能有多方面的原因，其中一点就是这两个图形都包含了斜线。

特别是菱形，四边都是由斜线构成，这对孩子来说非常有难度。即使可以画出水平线和垂直线，孩子也很难画出斜线，因为斜线属于不稳定的线条。所以，连点成图的问题中，决定问题难易度的并不是点的数量，而是是否有斜线。比如，家长可以试试下面一个游戏。

桌子上对角放置两个彩扣，请在这两个彩扣之间直线放上一列彩扣。横着和竖着，这两种孩子都可以完成。但是，如果要斜着排成一列的话，大都会变成图 6-3 的情况。

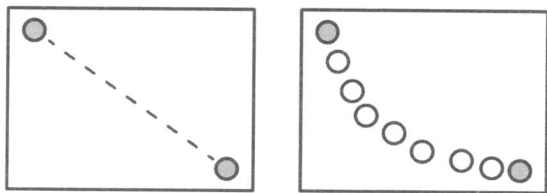

图 6-3　排列彩扣

所以，作为描绘菱形的前提，进行上述练习或是练习画斜线是很有效的。但只是每天反复进行临摹练习，或者教孩子描绘的技巧（例如，在上下、左右四个点做上标记再进行连接），这样孩子还是无法理解菱形真正的意义。要掌握菱形的特征，必须和其他图形进行比较，或者使用黏土制作图形，或者用剪刀剪，用竹签构造图形等，通过上述这些经验让孩子理解，在此基础上再让孩子描绘很重要。

## 3. 认识三角形

关于标准图形，之前为了了解孩子对图形的认识，我们做过关于"认识三角形"的相关调查。其中，对孩子画三角形的笔画顺序进行了调查。在对近一百个孩子进行调查之后，我们发现，孩子和大人的画法有所不同，并且根据年龄的不同也有所差异。虽然细分有很多不同的画法，但是大致进行分类的话，结果如图6-4 所示。

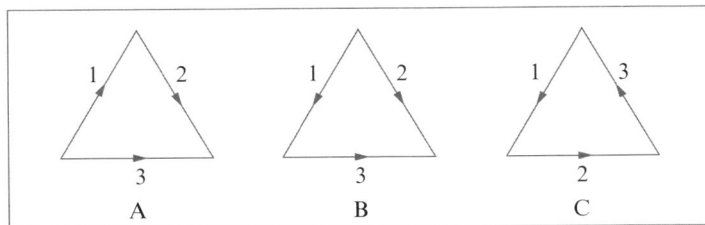

图 6-4　画三角形

小学之后，大多数孩子都变成了 C 这样的画法。为什么幼儿期大多数孩子都使用 A 和 B 的画法呢？这和孩子对三角形这一图形是否有深入理解有关。

在成长的过程中，家长大都是通过山和屋顶这样的实物，教给孩子"三角形"的概念。因此，我们把三角形卡片反过来，给孩子看"倒三角"的时候，很多孩子都认为这已经不是"三角形"了，也就是说，不是山和屋顶那样的物品就不是三角形。对孩子而言，"三角"之所以是三角形是因为有尖的部分。因此，让孩子使用竹签制作"三角形"的时候，孩子会十分在意顶角的位置，小心翼翼地去搭。反之，对底角就不是很在意，即使没有弄好也不十分在乎。所以，从 A 和 B 的描画方式就可以知道，一开始画的就是尖的部分。在诸多方式之中，这种方式对孩子来说可能是最放心的一种。

C 的描绘方式，是我们大人所使用的普遍方式。从顶端开始，最后也在顶端闭合。这种方式必须要有一种预判（最后肯定能画成顶角）才能完成这个三角形的描绘方式，即必须要从山和屋顶中脱离出来，把三角形作为一种抽象的图形来进行理解，在此基础上才能形成正确的描绘方式。你的孩子是使用哪一种方式？可以让他们试一试。他们如果和大人画得不一样，请一定不要纠正，让他们用 C 的方式进行描绘。因为描绘的顺序并不是会不会的问题，只是代表了一种认识，随着对三角形认识的加深，最后一定会变成像 C 这样的描绘方式，所以，不需要一开始就给孩子灌输描绘顺序。

上述是关于三角形的描绘顺序的一些解释，这些都是我们对幼儿期教育进行思考后，想传达给各位家长的一些启示。在孩子们的行为背后，一定包含着他们如何认识事物的认知问题。而孩子犯错或是做不出题目也肯定是有原因的。所以，作为大人而言，一定要找到这些原因，然后用一种他们可以理解的方式来加深他们对事物的认识，这样才是科学而有效的方式。

### 4 发现同样的图形——找出同样的画

在幼小衔接思维能力测评中，有一种发现同样图形的问题，就是要从几个选项中选择和样本图形相同的图。我们在课堂中也经常做这种游戏，比一比谁能最快掌握图画的特征，能不能从几幅画中找出相同的图画（卡片）。游戏的方式是把孩子分成 3 组，每组出一个人开始游戏：首先从起点出发，跑到放样本的地方，观察样本的图片。在距离稍远的另外的桌上放 6 张图画卡片。孩子观察完样本以后，再跑到那儿从 6 张卡片中找到和样本相同的卡片，然后拿着它跑回起点。当一组中所有的孩子都完成游戏，回到起点，就算获胜。如果拿错卡片，游戏就结束了。游戏中使用的卡片，可以是和图 6-5 有相似之处的图画卡片。

图 6-5 找出同样的画

拿出其中的一张作为样本。特征有举起的手、脚伸开的样子，帽子和衣服的花纹等。由于图画很相似，如果不记住特征的话，很容易弄错。游戏中，比起女孩，男孩一般会粗略地看一眼，然后拿起卡片就往回跑，很容易出错。

小熊教室场景·找相同图形

在进行书面练习的时候，发现同样图形的题目，并不一定是抽象图形，也可以是具体事物、风景等的题目。我觉得比起抽象图形，具体事物或是风景的图案更有难度。比如，衣服的花纹、鞋子的形状、木头的形状等，如果不能发现细节的区别，这些图案一眼看上去都是一样的。有时候，还会出现影子的题目。所以在发现同样图形的问题中，要不断拓展范围，做好充分的准备。

## 5. 笔直排列

这类问题的内容是把圆柱形的积木看成电线杆或者桥梁，让孩子笔直地进行排列。其中包含的意图是让孩子理解直线，以及

连点成图中连接点与点之间的直线。家长可以在家中让孩子进行
这样的练习：把 10 个牛奶瓶放在地上，让孩子笔直进行排列。

　　课堂中的情况如何呢？如果是水平和垂直的情况下，基本上
所有的孩子都可以把物体笔直地排列。但是斜线的情况下，很多
孩子就排成了图 6-6 的样子。

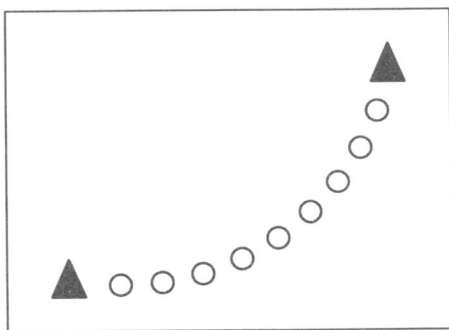

图 6-6　斜线的排列情况

　　出现这样的问题，大概有两个原因：一是可能被边缘的水平
和垂直线影响了；还有就是一开始排的时候，并没有意识到终点，
排的过程中才看到，所以出现了如此向下垂的曲线。

　　在临摹图形和连点成图中，对孩子而言最具难度的还是包含
斜线的图形，这点和上述说的情况有很深的联系。

## 6. 连点成图

　　"连点成图"作为临摹图形的一种形式，是指在正方形的纸
上，连接点和点，画出和样本相同的图形。从 3×3 到 7×7，点

的数量并不是决定难度的唯一标准，图案中包含多少斜线也会使难易度发生变化。这个连接点与点的练习对孩子来说是非常必要的。此类问题的关键是连接的时候要对准点，点和点之间要画直线。除此之外，还有以下几点必须注意。

🖉（1）要限定时间。

🖉（2）笔类不仅要使用铅笔，还要使用如签字笔、圆珠笔或者彩笔等。

🖉（3）有重叠点图形这样和其他几个领域相关联的复合问题，这些也需要让孩子进行思考。

🖉（4）有些临摹图形的题目，不连接点，而是环绕点进行连线，这些也需要孩子好好练习。

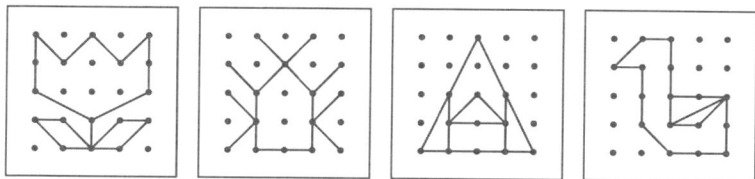

请牢记上述几点，让孩子充分进行练习。连点成图也是孩子们十分感兴趣的问题，学习的积极性一般比较高。

## 7. 秘密袋

秘密袋是指通过触摸袋子中的物体，来判断并把握形状特征的问题。放入袋子里的不一定是立体物体，也可以是平面形状，甚至是实物。这个问题的意图在于让孩子不借助视觉，只用触觉去把握事物的特征。在学习立体物体的时候，这种用触觉来掌握立体物体的特征的方法，对孩子来说是非常有意义的。在很多类似的物体中，迅速判断两者的不同，取出正确的一个，这种操作需要小心谨慎，因此这个问题也在一定程度上反映了孩子的性格。

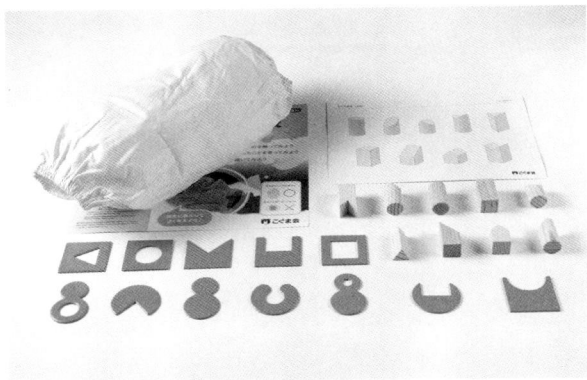

小熊教室教具·秘密袋

道具的话，也可以使用箱子代替袋子，也可以把东西放在包袱或者手帕下面。另外，提问时可以让孩子说出具体事物的名称（比如勺子），也可以说出触摸的物体的特征。另外，如果是平面形状，也可以让孩子说出形状。

### 8. 制作圆锥

立体物体的特征，光用语言进行表达还不够，更重要的是让孩子使用黏土等实际来进行制作，比如，制作圆柱体和圆锥体。首先让孩子观察圆锥体和圆柱体的样本，同时让每个孩子摸一下，让孩子讨论什么东西和这些形状相似。然后，分给孩子黏土，让他们制作圆柱。从课堂的情况来看，很多孩子一开始并不知道如何入手。还有一些孩子一边揉捏，一边把黏土搓圆。此外有一些孩子先做了一个圆柱的侧面，之后为了让它能站起来又做了一个底部。

小熊教室场景·做圆柱

制作圆柱体并不是很难，但是制作圆锥体对孩子而言则具有相当大的难度。做好圆柱之后，再让孩子摸一次圆锥体的样本，然后让他们边观察样本边开始制作，这时我们可以看到各种各样的制作方式。比如，有些孩子先捏出圆柱的形状，再把一头捏尖；有些孩子把圆柱体重新揉捏，做出一个个大小不同的煎饼状的圆盘，然后再把它们一个个叠在一起；有的先制作一个大的三角形，然后把它一点点搓圆；还有的孩子就像制作碗的底边一样，在圆形的底部做出一层薄薄的墙壁……做法五花八门。

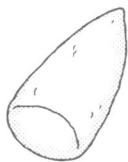

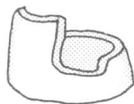

为什么会有这么多不同的做法呢？这源自孩子对圆锥体是如何把握的。也就是说，对于圆锥体的不同认识决定了孩子不同的制作方法。而且，即便现在用了这种做法，但是过了几个月，是否还会用同样的方法进行制作呢？我们并不知道。随着孩子对事物的认识逐步加深，制作方法也会随之改变。

## 9. 积木的构成

使用 8 块立方体积木构成各种立体图形。当然，用积木进行立体构成并不一定要使用相同形状的积木。我们是为了让孩子养成对立体的感知能力，推荐首先使用 8 块同样大小的立方体积木进行练习。

首先，我们摆出上面 4 个、下面 4 个的立方体，并且把这个作为样本。然后在搭建和样本相同的形状时，让孩子思考的并不是如何一个一个用积木搭出来，而是从这个样本如何变成其他的形状。移动 1 个积木或者 2 个积木，在思考这个的过程中，才能慢慢培养孩子对立体的感知能力。移动积木变成其他形状后，再把它变回到样本图形。然后，再考虑下一个形状。通过这样的反复练习，不仅可以让孩子掌握整体和部分的特征，而且对数积木数量的问题也有一定的帮助。

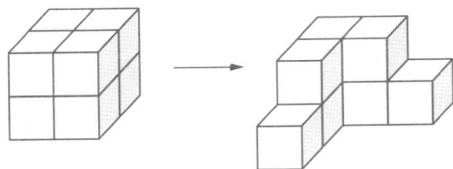

## 10. 制作箱子

为了让孩子加深对展开图和立体物体的关系的理解，可以让孩子制作一面开口的立体笔筒。

步骤大体为三步，首先用剪刀把印在纸上的形状剪下，然后沿着虚线进行折叠，最后把它粘上。这三步都很重要，其中把平面图变为立体时，"折叠"的过程尤为关键。

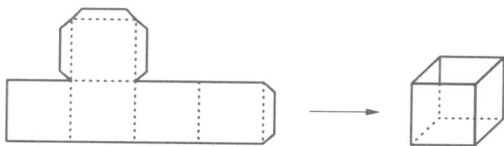

从平面（一张纸）到立体物体的过程，对于第一次接触的孩子而言，这个结果是十分令人震惊的。对于小学高年级进行的立体物体的学习，孩子普遍感觉很困难。想到这些，此时，幼儿期所积累的这些经验就非常有意义。在生活中，也可以让孩子多多去尝试把不同的箱子用剪刀剪开，将其展开变成平面图，以便积累经验。

## 11. 展开图和立体图形的对应

这个是立体图形和平面的样本（展开图）进行对应的问题。使用的立体图形主要是立方体、长方体、圆柱、圆锥、三角柱、三棱锥这六个（图6-7）。

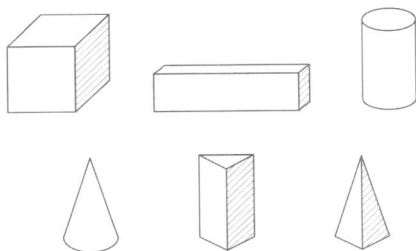

图 6-7　立体图形

　　其中在展开图的对应问题中，难度较高的是三棱锥和圆锥体。孩子会把三棱锥、三角柱的区别和圆锥体、圆柱体的区别弄混。此外，圆锥体和圆柱体从侧面看上去是什么形状呢？也可以请孩子实际进行观察体验。

　　比如，下面的思维能力测评题目，我们一起来看一看。

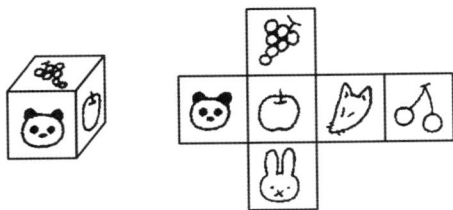

骰子和它的展开图

（1）熊猫的对面画着什么呢？

（2）葡萄的对面画着什么呢？

　　这个问题考查的是，孩子是否能够从展开图中推理出立方体的六个面中，哪一个面和哪一个面相对。为了完成这样的问题，有必要让孩子实际进行练习，积累经验。除此之外，曾经也出现过这样的问题：在制作骰子时，面对面的两个面相加等于 7，应该在哪个面画上几个 ●。

## 12. 剪折纸

在练习图形分割的时候，第一步就是按照指示剪折纸的练习。比如图 6-8 中，如果是左边第一个，提问"请剪出 1 个长方形，2 个正方形"，如果是右边第一个，就是"请剪出 2 个三角形和 2 个长方形"。因为这类题目是按照语言指示进行的，因此是否可以想象出剪法是能否完成问题的关键。右边第一个我觉得很难，即便知道怎么把 1 个正方形剪成 2 个三角形，但把长方形剪成 2 个三角形这点是很难想到的。

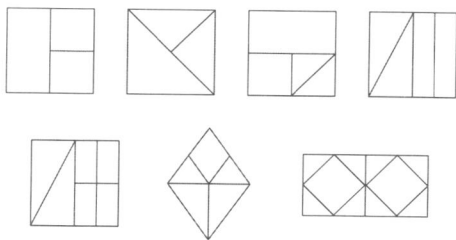

图 6-8　剪折纸

第二步，让孩子思考，如果按照标准图形上的分割线剪的话，会得到几个什么样的图形。无论是正三角形还是等腰三角形、直角三角形，本质上都是"三角形"，孩子能否透彻理解"只要有三角就是三角形"这一点是答题的关键。只有加深孩子的理解，把"像屋顶一样的形状""像山一样的形状"的认识抽象到"有三个角的图形"，才能顺利地完成这个问题。

## 13. 三角形的构成和分割

　　接下来，可以利用 8 个直角等边三角形，来按照指示拼出图形。首先可以进行基础练习，也就是来拼一拼基本图形。课堂中，我们经常如此要求："请制作 4 个同样大小的三角形。""请制作 2 个同样大小的正方形。"

　　由于总数只有 8 个，要求的图形数量不同，拼每一个图形所用的三角形的数量也不同。4 个三角形的话，拼 1 个用 2 个三角形；2 个正方形的话，拼 1 个用 4 个三角形，这一点需要孩子理解。用 2 个三角形拼出大的三角形或者四边形，对孩子来说并没什么问题。但是，用 4 个三角形拼出大的三角形，就有一定的难度了（图 6-9）。另外，用 8 个三角形拼出大的三角形，对孩子来说也很难。

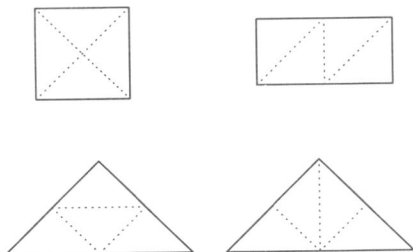

图 6-9　三角形的构成

在熟练基础练习以后，作为应用问题，可以练习使用 8 个三角形拼出和样本相同的图形。可以把样本的图形看成房子、火箭、糖果等这些孩子能想象的物体。由于图形中没有画分割线，所以，孩子可能会有些束手无策。

最后，作为三角形问题的结束，可以让孩子练习把正方形或者大的三角形分割为小三角形的书面题。在纸面图形上画出分割线，相当于在脑子里对其进行分割，这点对孩子来说很难。在三种基本图形中，长方形是最难的一种。

## 14. 使用折纸理解对称图形

把折纸折叠，然后把重叠的部分剪开，会出现漂亮的花纹，这是孩子在幼儿园里经常进行的游戏。在这个基础上，我们要做的是，练习把折纸对折一次和两次后剪出圆形和菱形。

这类问题有两种，一种是让孩子推断剪开后会形成什么样的图形。这种一般是对比较复杂的剪法进行的提问。另外一种是给孩子一张纸，让他对折一次或两次后，剪出要求的图形。对折一次后剪和对折两次后剪，这两种情况的剪法是不同的，必须事先让孩子理解这两者的差异。特别是对折两次的情况，如果使用这种剪法的话，会出现两个圆形和菱形，很多孩子出现的都是这样的问题（图 6-10）。

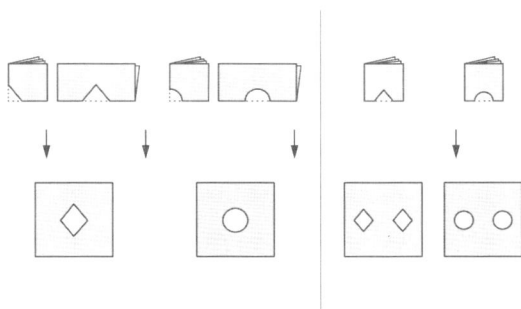

图 6-10　对称图形

## 15. 重叠图形

　　这类问题指的是，把画在透明纸上的两个图形进行重叠，让孩子想一想会出现什么样的图形。作为难点之一，重叠的方法有两种。一种是平移重叠，就是把不同图形平移进行重叠。这种情况下，只要看清两个图形，然后看好它们是在哪儿进行重叠，把握住这两点的话，应该不是什么很难的问题。另外一种是对折进行重叠的问题，因为对折的时候，图形的位置以及方向会发生变化，所以，这一类是具有难度的问题。把图形上下折叠或者左右折叠，这点很多孩子能够理解，但是要注意的是，就算是上下折叠，从上往下还是从下往上，最后的图形是不同的。同样的情况也发生在左右折叠中，从左往右还是从右往左，方向不同，即使原来的图形是相同的，最后的结果也不一样。这就是这个问题的难度所在（见图 6-11）。

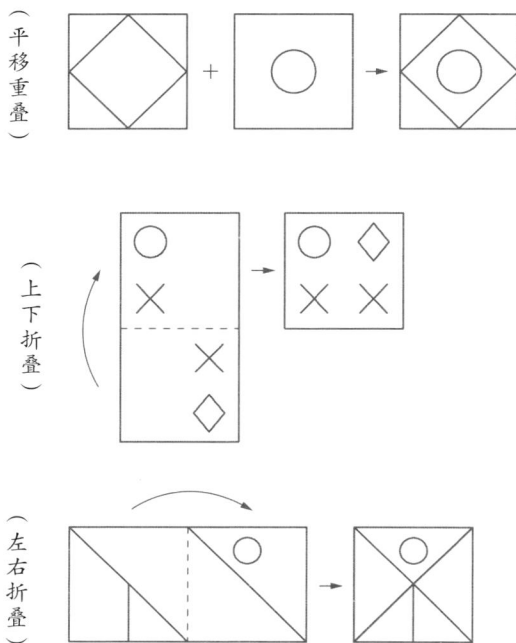

（平移重叠）

（上下折叠）

（左右折叠）

图 6-11　重叠图形

对折重叠的问题，可以和对称图形对照学习，效果比较好。如图 6-12："沿着中间的线进行对折的话，会如何？请在另一边画出重叠之后的图形。"

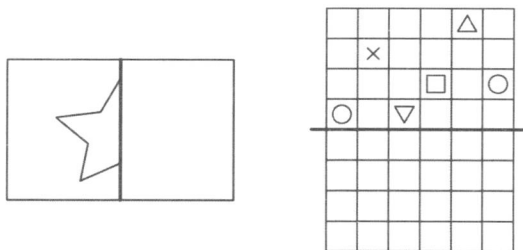

图 6-12　对折重叠图形

## 16. 旋转图形

　　这类问题是在积木的四个侧面涂上颜色，向左或向右旋转几次，让孩子思考最上面是什么颜色。旋转图形问题的思路基本相同，重点是画或图形的方向发生了变化，所以，解题时必须注意位置和方向。

　　提问的方式主要有，进行几次旋转之后，选出现在的画或形状的方向（图 6-13），或者自己实际画出现在的画或形状。大多数情况都是第一种选择题，家长有必要让孩子事先进行练习。

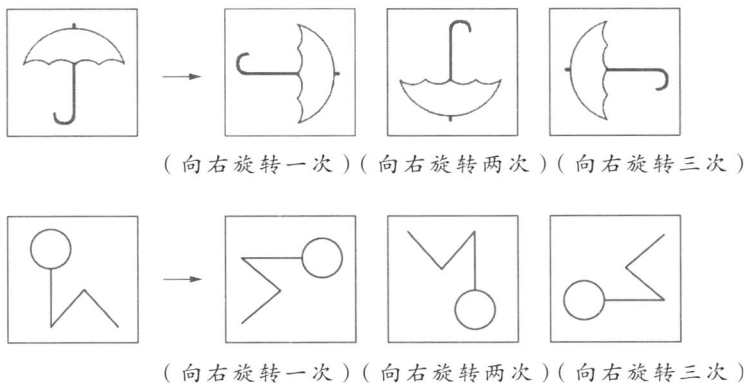

（向右旋转一次）（向右旋转两次）（向右旋转三次）

（向右旋转一次）（向右旋转两次）（向右旋转三次）

图 6-13　旋转图形

# 认识图形领域能力自检表

## 小班（3—4岁）

（1）能够找出简单的同样形状。

（2）能够理解圆形的特征（能够举出相似的物品）。

（3）能够理解四边形的特征（能够举出相似的物品）。

（4）能够理解三角形的特征（能够举出相似的物品）。

（5）能够认真画出圆形。

（6）能够认真画出四边形。

（7）能够使用立方体积木自由地搭某种形状。

（8）能够使用标准形状的积木自由地搭某种形状。

（9）能够使用立方体积木（4个）自由地搭某种形状。

（10）能够使用标准形状的积木完成实物样本的构成。

（11）能够使用标准形状的积木完成和实物样本相同的形状。

（12）使用2张三角形拼图构成三角形。

（13）使用2张三角形拼图构成四边形。

（14）使用 4 张三角形拼图构成和样本相同的图形。

（15）使用 4—6 张图片拼图。

（16）能够从许多物品中选出指定的形状，排除其他无效选项（排除选项）。

家长笔记

# 认识图形领域能力自检表

## 中班（4—5 岁）

（1）比较 2 个图形，用语言描述出不同的物品。

（2）能够找出简单的同样形状。

（3）能够判断出圆形、三角形和四边形。

（4）能够判断出正方形、长方形和菱形。

（5）能够临摹出和样本同样大小的圆。

（6）能够临摹出和样本同样大小的四边形。

（7）能够临摹出和样本同样大小的三角形。

（8）能够使用 6 个立方体积木构成和实物样本相同的形状。

（9）能够使用 6 个标准形状的积木构成和实物样本相同的形状。

（10）能够使用 5 个有色积木（立方体）构成和实物样本相同的形状。

（11）使用 4 张三角形拼图构成和样本相同的形状。

（12）使用 4 张三角形拼图构成大的三角形。

（13）使用 4 张三角形拼图构成大的四边形。

（14）把分割成 4 份的基本图形拼图重新还原。

（15）使用 20 张左右的图形构成拼图，集中精神拼出完整图案。

（16）能够从许多物品中选出指定的形状，排除其他无效选项（消除选项）。

（17）观察具体事物，如蔬菜、水果的影子，能判断出是什么物品。

（18）观察蔬菜、水果的横截面，能判断出是什么物品。

**家长笔记**

# 认识图形领域能力自检表

## 大班（5—6岁）

（1）能够正确说出基本图形的名称。

（2）能够使用竹签构成三角形、正方形、长方形、菱形。

（3）能够正确画出菱形。

（4）能够只用手触摸来掌握形状（平面、立体）的特征（秘密袋）。

（5）能够一边观察样本，一边用黏土制作圆锥。

（6）能够使用8个立方体积木构成和样本相同的图形。

（7）能够理解用几个积木构成的图形（积木的数量）。

（8）能够快速发现同样的画和图形。

（9）能够正确画出斜线多的点状图。

（10）使用8张三角形拼图，构成和样本相同的图形。

（11）能够把分成4—5份的基本图形拼图重新还原。

（12）能够把图形分割成4个直角等边三角形。

（13）能够把某个图形分割成指示的形状。

（14）能够判断出哪一个展开图对应哪一个立体图形。

（15）能够把对折的折纸剪出指示的形状。

（16）能够把对折两次的折纸剪出指示的形状。

（17）能够画出对称的另一侧的图形，使图案对称折叠后可以完全重合。

（18）能够理解画在透明纸张上的两个图形进行平移重叠之后会形成什么样的图形（花纹）。

（19）能够理解把画在透明纸张上的图形进行对折之后会形成什么样的图形（花纹）。

（20）能够理解把某一图形向左或向右旋转之后会变成什么方向。

**家长笔记**

_____

_____

_____

_____

# 第7章

## 养成扎实的听说能力

语言是表现的手段，也是思考的武器。并不是通过语言进行记忆就能掌握逻辑，而是理解逻辑之后，才能掌握语言。

# 幼儿期的语言教育问题

幼儿期语言教育的理想状态是什么？在考虑这个问题时，我想到了以下几点。

（1）孩子通过什么途径掌握语言？

（2）"语言是表现手段"，同时"语言也是思考的武器"，从这个方面来说，应该制订怎样的教学计划？

（3）考虑到小学开始学习语文，语文有四个重要组成部分——听、说、读、写，为了培养孩子的听和说的能力，应该让孩子如何练习？

（4）很多小学生家长提出，现今孩子们"说"的能力十分低下，所以开始在家庭中增加对话的机会，鼓励孩子用语言表达。孩子的语言能力到底出现了什么问题？

（5）最近，幼小衔接思维能力测评中增加了很多语言类的题目，这是为什么呢？另外，"表达动作的词"和"表达状态的词"越来越被重视，而以名词为中心的语言教育开始被批判。这又是为什么呢？

（6）在小学就开始英语教育好吗？非母语的英语教育应该什么时候开始进行比较好呢？另外，应该用什么样的内容，使用什么样的方式来进行教育？幼儿期是需要正确掌握母语的阶段，在这个阶段里如果一定要进行英语教育的话，应该使用什么样的办法来进行实践比较好呢？

"语言教育"是学龄前教育的中心内容[1]。我们一方面考虑到了幼小衔接的现实问题，另一方面基于上述几点考虑，反复对教学内容进行研究和实践。不仅是记忆和背诵这种形式上的练习，更希望语言能成为表现手段，能帮助形成抽象思维，我认为有必要从这样广义的角度出发设定教学内容。但令人遗憾的是，现在幼儿期的语言教育基本以"文字教育"作为重点，其他部分十分缺乏。

另一方面，从评价的角度来看，一般都是"能够认识或写出多少个字，背诵多少首诗"。这些评价内容狭隘且片面。我们必须站在基础教育的高度，把文字教育作为当中的一环，通过不断的实践，来确立和丰富幼儿期语言教育的内容。

---

[1]编者注：根据《3—6 岁儿童学习与发展指南》，幼儿语言学习目标分为"倾听与表达""阅读与书写准备"两部分，主要包括，（1）认真听并能听懂常用语言；（2）愿意讲话并能清楚地表达；（3）具有文明的语言习惯；（4）喜欢听故事，看图书；（5）具有初步的阅读理解能力；（6）具有书面表达的愿望和初步技能。

# 作为表现手段和思想武器的语言教育

　　现在的孩子不是很擅长表达，虽然能说出答案，但是问到"为什么是这样呢"时，还是有很多孩子无法回答出来。也就是说，能说出结论，但是说不出原因的孩子越来越多。基于对此的担忧，学校方面感叹孩子在日常生活中进行对话的机会越来越少。可能这就是孩子不擅长表达的原因。

　　而真正的原因，不仅是和家人交流的时间不足，更是人与人之间的接触机会也变少了，也就是说，没机会表达。总之，因为不和人接触，就没必要进行表达了。这些基本因素的缺失，也更加鲜明地揭示了现代孩子所处生活环境的变化。只有人与人进行交流，才能拥有丰富的语言生活环境。

小熊教室场景·口语表达

另一方面，把语言作为思考武器，从这个侧面进行考虑的话，我觉得在我们日常课堂中必须要解决的问题有很多。为了培养能作为思考武器的语言，实物教育是最好的。所以，必须要把语言教育作为逻辑教育的前提。我们经常会感觉到，在进行数字学习的时候，实际很多时候是在进行语言学习。比如，"一一对应"学习中就经常可以发现这一现象。13 个白色彩扣和 9 个红色彩扣混在一起给孩子，让他们进行比较，然后进行如下提问。

（1）哪一边多，多几个呢？

（2）哪一边少，少几个呢？

（3）差异是多少个？

每年都会出现答不出（2）和（3）的孩子。有些孩子不能理解"哪一边少，少几个"，但是，如果换一种方式提问："哪边缺，缺多少个？"大部分孩子都能回答。另外，对于无法理解"差异是多少个"的孩子，换个方式提问："哪一边多几个？"然后和他们解释，其实是问多余部分的数量，孩子很容易就理解了。

因此，如果用孩子掌握的生活语言来给他们解释逻辑语言，他们就不会出现理解上的困难。反之，如果仅用逻辑语言教育孩子，孩子可能无法掌握逻辑的知识。

综上所述，并不是通过语言进行记忆就能掌握逻辑，而是理解了逻辑以后才能掌握语言。背诵教育的不足之处就在于并没有解释清楚逻辑，而是一味地教授孩子逻辑语言，孩子当然无法理解。所以我们认为，只有让孩子亲自操作实物，不断练习，在掌握逻辑语言的基础上，才能进行幼儿期的语言教育实践。

# 幼小衔接中新形式的语言问题

　　正如我们开头所说，在幼小衔接思维能力测评中，语言领域的问题发生了很多变化。因此，我们必须提前思考对策。语言领域的问题和将来的语文[2]学习息息相关。比如，考查听力的"理解故事内容"，考查表达力的"编故事"，这些都是语言领域的典型问题。但是，最近的问题和之前的有所不同，有很多跳出固定模式的好问题。比如，如下这些类型都是我们在日常生活中和游戏中可以引导孩子进行练习的内容。

## 1. 理解动词

　　说明实验者的行为。例如，弄破（弄坏）箱子，撞到门，用手敲等。

　　可以说穿衣服。那么，帽子、伞、眼镜、鞋子呢，该怎么说？

---

[2]编者注：义务教育阶段语文课程目标分为"识字与写字"、"阅读"、"写作"（分为写话与习作）、"口语交际"及"综合性学习"几方面，注重结合实际运用，帮助学生形成一定的语言应用能力和良好的语感。（更多内容详见《义务教育语文课程标准》）

## 2. 造句

　　出示哭泣孩子的图画，口头回答孩子哭泣的原因。

　　出示面朝后方的妈妈和哭泣女孩的图画。她们在说什么呢？请进行造句。

　　出示扑向妈妈的女孩子的图画。你认为女孩和妈妈说了什么呢？请进行造句。

## 3. 编故事

　　出示哭泣男孩和微笑男孩的图画，并进行编故事。

　　出示两组缺少第三幅画的图画，想象并描述缺少的第三幅画。比如下述文字描述。

　　女孩：①小花正在用蜡笔画画。②蜡笔断了。③"？"④小花哈哈笑了起来。

　　男孩：①男孩正在喝牛奶。②牛奶翻了，男孩哭了起来。③"？"④男孩哈哈笑了起来。

## 4.说明具体事物

关于苦瓜，回忆自己的经验，进行详细说明。

观察鞋撑，进行提问，如"摸一摸，再进行描述"。

## 5.想象力

＊事先准备好玩具，让孩子一边玩玩具一边回答问题。

"打开这扇窗的话，是鱼的世界。如果你身在其中的话，会怎样呢?"提出这样的问题，并让孩子回答。

## 6.说明理由

在桌子上事先放上玩偶（乌龟、小猪、小狗），提问"哪个比较好呢"，在进行选择之后，让孩子说明理由。

设置这些问题的原因，是老师非常清楚孩子的弱点，想调查一下孩子的语言发展状况。总而言之，如果不改变孩子的语言环境的话，孩子可能会产生严重的语言发展问题。

当前电视节目、电脑游戏及手机聊天等电子产品娱乐形式盛行，就算没有和朋友见面，我们也可以进行意见交换，孩子也有很多玩耍的工具。而在这些便利的背后，最基本的"人与人之间的交往机会"正在逐渐地流失。如今，在幼小衔接思维能力测评中出现的这些语言领域的问题，在某种意义上，也在促进着孩子语言能力的正常发展……那么，应该注意一些什么问题呢？以下是我能想到的。

（1）当前除了以"词语接龙"为代表的考查名词的传统问题外，表达动作和表达状态的问题有所增加。这些都是和以后的写作文有关联的内容。总之，为了提高孩子们的表达能力，我们应该思考可以把动词、形容词，以及副词运用到什么程度。

（2）使用图画卡片编故事。最近出现比较多的题目是"根据一个场景编故事"，这类问题对孩子而言难度很大。为什么呢？从一个场景中读懂时间顺序的前后关系，把它用故事讲出来，需要很强的想象能力。这类题目能反映孩子想象能力的发展程度。编故事本身也是作为口头语言向书面语言过渡的阶段，和今后的写作文教育也有联系。

（3）最近，"编故事"为代表的"说"的领域，出题的内容变得多种多样，涉及的方面也很广，如之前经常出的"两者关系的异同"和"说明非同类的理由"这样的问题。但是，如今会要求对实物进行说明，或者根据触感进行描述，范围越来越大。请在日常生活中让孩子养成问"为什么"的问题意识。

（4）关于理解故事内容，之前主要以"出场人物""顺序""登场人物的行为""数量"这四个部分为考查中心。但是最近的幼小衔接思维能力测评却涉及了很多这四部分以外的内容，牵涉到很多其他领域的复合语言问题。

　　"推理三者关系""在地图上的移动""我是谁""一与多的对应"这些题目经常在理解故事内容中出现。

　　在小学一年级的语文学习中，听、说的能力训练尤其重要，特别是"说"的能力，在接下来的学习中会应该越来越重视。家长有必要在日常生活中让孩子积累相关的经验。

# 语言表达练习注意要点

　　幼儿期的语言教育和今后的语文学习息息相关。听、说、读、写是语文教育的四大支柱。而幼儿期的语言教育是以"听""说"为中心，包含一部分文字教育内容进行的。具体来说，包含"学习基础语言""理解故事内容""编故事"这三个部分。

　　"学习基础语言"和文字教育相关，主要的形式是"一个音节一个字"。"理解故事内容"作为阅读绘本的延伸，则和今后孩子的阅读理解能力有关。"编故事"是为了将来写作文铺垫，是口头语向书面语的过渡阶段。在我们的课堂学习中，大班下学期才开始进行运笔练习，主要是为升入小学后做准备。而关于文字读写，无需提前教授，也不用刻意推迟，只要孩子表现出兴趣，潜移默化地进化引导即可。

## 1. 理解一个音节一个字

　　日语中一个音表达一个字，把几个文字合起来，就可以形成一个词 [3]。在系统进行文字教育之前，首先，必须让孩子理解"一个音节一个字"这个概念。然后告诉他们，有些词是由三个音组

---

[3]编者注：一个音一个字是日语中特有的。此处为保留原文全貌而未删除，家长不必拘泥于形式，可以让孩子通过练习掌握物品的名称，如第一个字音相同的物品，最后一个字音相同的物品等，以此来掌握汉语音节的特点。

成的，有些是由一个音组成的。

（此三图以汉语读音为例，图中的物品是几个音节，就画几个圈。
如树，苹果，向日葵）

　　在这些基础知识都掌握了以后，让孩子思考第一个音是什么，最后一个音是什么，或者第二个音是什么。接下来，开始进行首音相同或尾音相同的练习。让孩子尝试找出第一个音是"a"的词，练习一段时间以后，再过渡到找出最后一个音是"i"的词。如果想加大孩子的词汇量，可以用这样的练习。举出一个音（比如"u"）然后立刻想出三个包含有"u"的词。

## 2. 词语接龙

　　前项词的最后一个音是后续词的第一个音，以这种规律进行词语连接，就是所谓的"词语接龙"。利用词语接龙的这一特性，有助于首音相同和尾音相同的学习。特别是首音相同的情况下，出现一个音时，如果能快速报出三个词，那么首音相同的题目就没什么大的难度了。

　　词语接龙有许多不同的出题方式，大致可以整理如下。

小熊教室场景·词语接龙

（1）10 个人左右组成一个圆圈，进行词语接龙。

（2）和老师互相进行词语接龙。

（3）给出一个词，之后连续进行 10 次左右的词语接龙。

（4）把给出的 10 张词语卡片按照词语接龙的顺序排列。

（5）从许多图画中，按照词语接龙的顺序进行连线。（书面形式题）

（6）提示前面的画和后面的画，选择出中间缺少的图画。（书面形式题）

（7）为了可以进行词语接龙，从 3—4 张图画中选择出正确的图画。（书面形式题）

在词语接龙的情况下，除了需要孩子有丰富的词汇量，还要他们理解规则。特别是在考虑和后续词语的联系时，可以使用从后续词语开头逆向推断的方式（逆向词语接龙），这个方法十分有效。但是这些都建立在对规则充分理解的基础上。

**3 造句**

在学习动词时，与其把词语单列出来，不如组成句子来学习更有效果。我们设计了三种方法：第一种是老师在孩子面前做各种动作，然后让孩子使用"老师正在……"这一句型，在其中填入合适的动词，构成句子。"老师正在拧干抹布。""老师正在用抹布擦桌子。""老师正在叠衣服。"这一问题学习的意图是是否可以恰当地使用"拧""擦""叠"这些表达动作的词语。

第二种是观察图画，为出场的人物取名字。之后，在"大雄正在……"这样的句型中填入恰当的词语，完成造句。这种题目考查孩子可以读取多少图画中人物的动作样态。

第三种，给出动词，让孩子使用这一动词进行"谁怎么样"的基本句型造句。如果可以完成这一问题的话，孩子应该已经可以使用丰富的词汇进行表达了。因为这些动作基本在日常生活中都会接触到。图画中出现的人物也好，故事内容也好，这些都需要日常生活的经验。从一个单词可以联想到什么，可以拓展到什么程度，这些都是孩子的语言生活是否丰富的证明。

小熊教室场景·造句

## 4. 反义词

"反义词"在幼小衔接思维能力测评中经常出现。但最近的形式又和之前不太一样。比如下面这种练习类型。

请说出反义词。

（1）游泳池很宽广，浴缸很？

（2）游泳池很深很冷，浴缸很？

（3）这本书很旧很大很厚，但是另一本书很？

上述不仅是一个词语，是说出两个或者三个词语的反义词，并以此进行造句的新题型。这样的问题，如果不注意听的话，很容易漏掉关键词。反义词练习的关键如"大—小"，不能单独把单词拿出来学习，而应该"大象很大，但是蚂蚁很小"，这样用成对的反义词进行造句练习才有用。另外，只给孩子看图画，不进行任何说明，让孩子自己从图画中提取反义词并进行造句，这样的方法也不错。还有，比如"宽广—狭窄"，把这种成对的反义词告诉孩子，如果孩子能自己造出句子，如"游泳池很宽广，浴缸很狭窄"，那也是很好的。

## 5. 理解助词

以往的语言问题考查的是对词语的理解，以名词为中心，兼顾动词、形容词。但是最近开始出现与理解助词相关的问题。比如，下面这种经典的题型。[4]

> 小小（　　）船。
>
> 这个句子不通顺。请说出通顺的句子。

这样的问题可以看成造句的一种。单独把助词拿出来并没有什么意义，只能结合整个句子来一起考查才好。上述例子中，虽然只需要填入"的"，但是对孩子而言是十分困难的，所以可以采取完成句子的方式进行练习。

②用方格造句（综合一分析）

方格中存在着纵轴和横轴，把这两个要素组合搭配，可以构成新题型。这些经常会作为出题的形式。横轴是主语，纵轴是谓语，把它们组合起来，进行"谁在干什么"的造句，然后添加一些修饰让句子更加饱满。让孩子用这种方法进行造句练习是十分有效的。例如，图 7-1 中 ⚠ 可以造出什么样的句子呢？

③可以造出"大雄在睡觉"这样的句子。此外， ⚠ 可以造出"小花正在跑步"的句子。像这样，使用横向的要素（主语）和纵向的要素（谓语）进行造句就是使用方格进行练习的问题。

---

[4]编者注："理解助词"是日语学习中非常重要的内容，此处为保留原文全貌而未删除，但改为了汉语形式，家长们不必强求，了解一下即可。

| | | | | |
|---|---|---|---|---|
| | （走路） | （跑步） | （睡觉） | （哭泣） |
| 大雄 | ① 1 | ② 2 | ③ 3 | ④ 4 |
| 小花 | △1 | △2 | △3 | △4 |
| 奶奶 | □1 | □2 | □3 | □4 |
| 小狗 | ◇1 | ◇2 | ◇3 | ◇4 |

图 7-1　使用方格造短句

　　孩子也可能会造出"小花在哭泣"这样的句子，家长可以提问"为什么哭泣呢"，引导孩子说出"因为小花被妈妈责备所以哭了"这样稍长一点的句子。"为什么会被责备呢？"继续引导，孩子可能就会造出"因为小花没有整理房间，一直在外面玩，所以被妈妈责备，最后哭了"这样更加详细的句子了。

　　相反，如果家长先给出句子："大雄游泳很累，所以睡着了。"可以让孩子根据内容去找出对应的方格。

　　另外，把方格的纵轴和横轴组合起来，可以形成其他各种各样的综合问题。例如，下面的"双重分类"的问题，就是其中的一种。

　　在中间的格子（图 7-2）中填入什么，能够同时既是纵向物品的同类，又是横向物品的同类呢？

　　提问所涉及的中间的格子，纵轴及横轴都是同类关系。因此，应该又是夏天的物品，也是花的同类，综合就成了"夏天的花"，从左边的卡片中找出"向日葵"并放入中央就是正确答案。

图 7-2　双重分类

　　观察纵轴就只能看到纵向的物品，观察横轴就只能看到横向的物品，这个时期的孩子观察时只能顾及一个方面。这类问题的解题关键在于，是否能够同时兼顾不同的观察角度。

## 7. 理解故事内容

　　语言领域的题目基本是以"理解故事内容"以及"编故事"这两点为中心的。特别是"理解故事内容"，基本都是让孩子听长段故事的形式。听故事之后所要回答的问题，大致是以下四个方面：A. 关于出场人物；B. 关于顺序；C. 关于数量；D. 关于出场人物的行为。

　　以上四个部分的确是语言领域测评的中心，但是最近也出现了和以前不同的方式，如让孩子听完故事之后判断对错，或者画出故事的内容。

　　练习的时候，我们可以先使用 12 张图画卡片，让孩子听较短的故事，然后以刚才的四项内容为中心，改变提问方式，让孩子取出卡片进行回答。我觉得在上述练习之前，还可以用较短的故事，先让孩子练习一下是否可以正确地理解内容。我们也会逐渐进行理解长故事的练习，所以为了让孩子做好准备，家长可以利用睡觉之前等时间让孩子听听故事，养成好的听力习惯。也可以模仿使用录音的形式，将故事录音后播放给孩子听，那将事半功倍。

## 8. 听故事绘画

　　作为检测孩子正确地掌握了多少故事内容的方法，可以让孩子画出符合故事内容的图画，也就是"听故事绘画"。"听故事绘画"主要有两种情况：一种是听较短的故事，只描绘一个场景。这种就是把故事中出现的事物都画在一个场景中。因此，可以说这是考查记忆的问题。另一种情况是，让孩子听比较长的故事。这种情况下，因为场景会发生各种各样的变化，所以，几乎所有提问都是"画出自己喜欢的场景"，也就是让孩子在理解故事内容的基础上，画出自己印象最深的那个场景。

小熊教室场景·讲故事

●听两次对话，然后用六种颜色的蜡笔在图画纸上画上符合内容的画。

●幼儿园有菊花节。大家要进行大扫除。小花在用抹布擦地板。小静在用吸尘器打扫。还有一个男生在帮忙擦地板，希望可以早点完成大扫除。老师把庭院中盛开的黄色、红色、紫色的菊花插到了圆形的花瓶中。

●小花在公园的沙坑里玩耍。公园里有秋千和滑梯。在小花玩的时候，小武和小光来了，一起在沙坑里面玩耍，一起制作了有隧道的山丘。带着一条狗的老爷爷微笑地看着他们。在沙坑旁边盛开着许多粉色的雏菊花。

此外，也有针对第二种情况的训练。

松鼠找到了一个散落着闪耀着红色光芒的果实的地方。它在那里捡了果实带走，然后把果实放在了宝石箱子里。在森林中玩耍时，松鼠听到兔子和猴子正在谈论关于红色落叶的事情。但是松鼠以为它们在谈论自己红色果实的事情，慌慌张张地想要赶回家，但是一不注意被树墩绊倒，受了伤。看到这一幕的长颈鹿伸出脖子把松鼠扶了起来。听闻松鼠受伤的小亚和其他动物都来看望松鼠。松鼠十分高兴，就把宝石箱子里的红色果实都分给了大家，最后红色果实全都没有了。

提问："请画出故事中自己最喜欢的一个场景。"

## 9. 复述短文

编故事的基本要素就是"是什么""怎么样",有了这两点就有了基本句。为了考查这些基本要素,出现了复述短文等类型的语言表达练习。如果没有仔细听指示(的文章),或者没有理解文章的含义,就无法正确复述了。另外,如果其中有一个很难的词的话,也增加了复述的难度。比如如下内容。

> 明天有生日会,请不要忘记带餐巾。
>
> 动物园里的熊猫生宝宝了。
>
> 自己洗澡的孩子很优秀。
>
> 牵牛花盛开又凋谢了,变成了黑色的种子。
>
> 尾巴很长的恐龙的嘴巴很大,有灰色的翅膀,还会飞。
>
> 因为今天天气很好,所以去郊游。
>
> 小红帽马上要被大灰狼吃掉了。

在日常生活中,不经常使用相关词汇的话,绝不可能只听一次就可以复述。因此,我认为这类题目考查的是孩子究竟掌握了多少词语。如果掌握的词汇十分丰富的话,"思考的武器"也就多了,表达也就生动了。所以家长要在日常生活中,让孩子基于自己的经验尽可能多地掌握生动的语言表达方式。

## 10. 行为的顺序性

　　编故事的形式有很多，使用图画卡片是最普通的。可以使用4 张图画卡片，也可以只使用 1 张卡片。卡片数量多的情况下，需要孩子自己思考图画的顺序，进行排列之后，再开始编故事。

小熊教室场景·故事排序

　　作为前提，孩子首先必须从图画中看出行为的顺序性，根据时间的前后顺序排列图画。这类问题的难点在于，从图画的哪一点可以看出"顺序"。我认为这个练习是培养孩子"排序"思维的一个很好的方式。

## 11. 编故事

　　编故事的形式有很多，比如，使用具体事物，或者只给出3—4 个词语，而最常见的就是使用图画卡片进行编故事。但是，这种情况下，卡片的张数不同难度就有所不同，一般是使用 4 张图画卡片，也有使用 1 张图画卡片的情况。站在孩子的角度来说，图画卡片的张数越多，越容易编。

而场景发生了变化，编起来也比较容易。最难的是围绕 1 张图片编故事。使用 1 张图片的情况下，必须要思考前后都发生了什么，否则编出来的故事就不可能丰富生动。而且，使用 1 张图片，说明的内容也不可能很多，所以最好的练习方式就是按照 4 张 —— 3 张 —— 2 张 —— 1 张的形式，逐步减少图片的张数进行练习，这样对孩子而言才是循序渐进的方法。

编出来的故事是否生动有趣，关键在于是否能把自己的生活经验增添到故事中。比如，在给出场人物取名字的时候，最好可以使用自己身边朋友的名字。因此，使用具体事物来练习，对孩子而言更容易理解，可以让孩子回忆自己的生活经验，这对编故事来说是非常好的题材。

# 语言表达领域能力自检表

## 小班（3—4 岁）

（1）能够不使用儿童语言，使用正确的词语和句子进行对话。

（2）能够正确说出家人的名字。

（3）能够进行自我介绍（名字、年龄、幼儿园名称）。

（4）能够理解"首音相同的词"，并找出相应的图画卡片。

（5）能够理解表达动作的词（理解动词）。

（6）能够把两张图画卡片按照时间顺序排列。

（7）能够听简短指示，记忆内容。

（8）能够比较两个具体事物，说出两者的不同之处。

（9）能够集中精力听故事书。

（10）听懂短故事，能够正确掌握出场人物、行动以及内容顺序。

（11）听懂简短指示，并按照指示进行行动。

（12）听日常会接触到的花朵和虫子的名称，能够从几件物品中找出这些物品。

（13）能够说出各种节日活动的经验体会。

（14）听日常生活中的一些声音（交通工具、天气变化、警笛等），能够判断出是什么声音。

（15）听日常生活中能接触到的动物的叫声，能够判断是什么动物。

家长笔记

# 语言表达领域能力自检表

## 中班（4—5 岁）

（1）能够自我介绍（能够清楚回答出所问的问题）。

（2）能够说出两个首音相同的词语。

（3）能够和大人一起进行十次左右的词语接龙。

（4）能够正确用语言描述其他人的动作。

（5）能够按照时间顺序排列几个场景的图画。

（6）能够正确使用表达状态的形容词。

（7）能够正确使用主语、谓语进行造句，"谁在干吗"。

（8）能够正确地向其他人转述短句。

（9）能够观察画有原因、结果的两幅图，简单进行造句。

（10）能够使用几个生活用品进行造句。

（11）能够从各种不同的角度描述一个具体事物的特征。

（12）能够比较两个具体事物，说出两者的相似点和不同点。

（13）能够集中精力听故事。

（14）能够听懂短故事，并正确掌握出场人物、动作以及对话顺序。

（15）能够听懂简单的指示，并按照指示进行行动。

（16）能够正确说出常见花朵的名称（五种以上）。

（17）能够正确说出常见虫子的名称（五种以上）。

（18）能够分别说出两种以上各个季节的花朵以及常见生物等。

（19）能够听生活中的某一个声音，并判断出是什么声音。

（20）能够听身边动物的鸣叫声，并判断出是什么动物。

（21）能够自己读故事书。

家长笔记

# 语言表达领域能力自检表

## 大班（5—6 岁）

（1）能够理解由几个音构成的词（一个音节一个字）。

（2）能够说出首音相同的三个物品（首音相同的词）。

（3）能够找出尾音相同的物品（尾音相同的词）。

（4）能够在不提示首尾音的情况下，按照词语接龙的顺序对 12 张图画卡片进行排列。

（5）能够根据词语接龙的规则进行思考，并找出空着的位置应该填入的词语卡片。

（6）能够使用正确的动词来描述图中的动作。

（7）能够使用给出的动词造出适合的句子。

（8）能够理解反义词。

（9）能够理解表达状态的词。

（10）能够理解符合前后文逻辑的助词。

（11）能够听对话，回答出场人物以及顺序。

（12）能够说明对话内容和图画的不同之处。

（13）能够听懂故事，描绘出符合对话内容的图画。

（14）能够正确复述出短句。

（15）能够正确使用主语、谓语进行造句。

（16）能够按照时间顺序排列四幅图画的顺序。

（17）能够使用四幅图画编一个较长的故事。

（18）能够根据一幅画思考前后关系，编一个较长的故事。

（19）能够根据听到的长故事的内容，判断出场人物行为的对错。

（20）能够根据听到的指示进行操作。

家长笔记

# 以孩子的角度看大千世界
## （译后记）

　　初见久野先生，是三年前的暮春。彼时，他带着自己开发和实践了近50年的"久野教学法"来到上海，和幼教界的专家及广大家长进行交流。而我有幸作为他的翻译参与其中，并由此和久野先生熟识。

　　在那场活动中，久野先生站着演讲近两个小时，不见疲态。他说话声音不大，但很清晰，这对翻译来说是难得的幸事。他用的句子都不长，每讲5—6句，会自动停下，留出翻译时间，让我翻译起来很从容。对于一些晦涩的概念，他往往会变通为一种更简单的方式去解释，或比喻或举例。在之后的问答环节中，有时我只需翻译提问一两个词，他便会秒懂，点头示意。而醍醐灌顶的回答，也让家长频频会心一笑，颇为满意。在久野先生如此关照下，每个环节都很流畅，整场活动很顺利地结束了。

　　在活动空隙的交流之中，我惊讶得知：久野先生已经年逾古稀，如此充沛的精力是靠每天步行1万步，以及近50年来不间断每周3次每次3小时的上课所锻炼出来的。由于他的学生都是小中大班的幼儿，如果句子太长或是概念很难，孩子不容易听懂，必须用既生动形象又简单的语言解释给他们听。而那种敏锐的洞察力和长年教学经验的积累，也让他对孩子可能出现的所有问题和家长遇到的诸多困惑了如指掌，讲起来才能如数家珍。用久野先生的原话来说："其实答案很简单，就是要站在他们的角度，用一种他们能听懂的逻辑，自然而然地让他们明白。"

　　听完这一系列的解释，我突然明白，久野先生本人就是一本活的"教科书"。所谓"久野教学法"就是久野先生从长期的教学实践中总结得来的，从孩子的角度理解问题的逻辑和方法。更重要的是，这一切已经融入他本人的一举一动。所谓寓教于乐、润物无声，也不过如此吧。

后来，我有机会参观了小熊会的东京总部。小熊会只是一个中小型公司，但在日本残酷的升学竞争中，却凭借所培训的学员每年占据顶尖私立小学录取率第一名的实力傲视日本幼教领域长达几十年，得到家长广泛的赞许，赢得了口碑。这些事实和成绩不得不令人叹服。而支撑这些的核心竞争力，就来源于久野先生近50年的教学经验的积累和总结，它体现在严谨的教学风格、快乐的学习氛围、生动的教材教具、精心的材料准备等等一切令人印象深刻的细节里。

得到翻译此书的机会，说实话，令我意外。一方面是因为久野先生能相信我这么一个资历尚浅的外语工作者；另一方面是我从未曾想过会有机会从孩子的角度重新审视世界，认知世界。在翻译本书的过程中，我才发现，放下成人的思维和视角，用孩子们的眼睛看大千世界，其实另有一番色彩，也不失为一种别样的人生体验。同时，我也希望通过手中的笔，把那些深入浅出、化繁为简的理念，看似平常、实则精妙的智慧原原本本地告诉读者，以不辜负久野先生对我的信任。

在本书的翻译过程中，得到了广大同行的支持和鼓励。在此特别对陈毅立、马立中、魏海波三位老师给予的指导表示衷心的感谢。由于本人水平有限，在翻译过程中难免有不足之处，也请各位同人给予批评指导。本人在此一并谢过。


高　翼

# 知识的寿命很短，思维的寿命最长

## （出版后记）

华东师范大学校长钱旭红院士有一句很著名的话："知识的寿命很短，思维的寿命最长。"钱校长的这句话使我想起了美国好莱坞的著名电影《教父》，里面有一句很有名的话："用一秒钟就可以看透事物本质的人和用一辈子也看不透事物本质的人，是两种截然不同的命运。"

现在全世界都意识到幼儿教育的重要性，倾注了很多的热情。为什么现在大家对幼儿教育如此重视呢？苏联教育家马卡连柯说过："教育的基础主要是 5 岁以前奠定的，它占整个教育过程的90%。"这个时期投入越多，将来孩子才会发展得越好，这就是人们关注幼儿发展的原因。孩子 5 岁之前接受的教育会影响其一生。现在的世界已经进入人工智能时代，孩子们除知识之外，还应具备沟通的能力、经受挫折的能力、解决问题的能力等等。

我在日本留学 8 年，曾在被称为"日本智库"的三菱综合研究所任职多年，并于 1995 年回国投资创立了"朝日日语"教育集团。在教育培训行业经历二十余年后，我深刻感受到，一个人的成功和思维习惯及早期的教育密切相关。一个非常偶然的机会，我接触到日本著名的早教品牌小熊会（KOGUMAKAI），这个学校以培养儿童思维能力而闻名日本乃至亚洲。久野泰可先生是小熊会创始人，他在近 50 年的教学实践中专注于儿童思维能力的培养，研发的久野教学法被亚洲很多精英家庭推崇，认为是非常适合 3—6 岁孩子学习的思维启蒙方法。

在日本，小熊会的会员名额非常紧俏，甚至有些家庭在孩子刚满一岁时就开始预约久野老师的课堂。为什么大家都如此推崇久野教学法呢？这是因为在久野泰可培养的数十万名孩子中，思维能力都有显著的提升，不但顺利度过幼小衔接，养成良好的学习习惯，而且通过跟踪小熊会员的成长，发现大部分会员之后都升入了国内外的重点大学。而小熊会的知名教材"儿童思维训练365天"系列也在日本思维训练类图书中销售排名第一，被称为"日本幼小衔接宝典"。

为什么小熊会拥有这么多傲人佳绩呢？这源于久野教学法的三大教育理念：

第一，学前基础教育思考方法。久野先生强调绝对不能把小学课程提前下放到幼儿园，不是什么都越早越好，而应该培养孩子在进行语文、数学等学科学习之前的各种能力，比如观察、想象、思考能力等。

第二，事物教育的思考方法。现在的日本、欧美等发达国家的小学倾向于采用比较先进的实物教学体系，提倡孩子先通过实物摸索、了解原理，然后自己总结，再针对理论进行学习，这种学习法对培养孩子的自主学习能力非常重要。

第三，对话教育的思考方法。语言表达是孩子成长的翅膀。从与孩子的对话中，我们会发现，孩子的语言能力在1—6岁阶段急速提升。如何在语言发展的敏感期事半功倍地提升孩子的表达力、逻辑力？拥有一套系统科学的学习方法必不可少。

美国、加拿大等国家的名校挑选学生时考试分数只是参考标准之一，学生的综合能力分值占比更高。比如，重要的一点是有无参与戏剧节目及参与公益活动的经历等，在这些活动当中表现出来的与人交流沟通的能力、组织能力、分析能力、领导能力、思考能力是怎样的，这都是哈佛大学、哥伦比亚大学、普林斯顿大学、耶鲁大学等常春藤名校选择学生的重要条件。

思维力就是学习力，在未来社会中，我们的孩子拥有善于学习、善于思考、善于解决问题的能力是其安身立命的基础。

基于此，我于 2017 年创办东方小熊教学研究院，希望向中国广大的家长、老师介绍久野教学法，并策划引进出版了久野泰可的系列作品，如被称为"日本幼小衔接宝典"的"儿童思维训练365 天"系列、"久野教学法特训百分百"系列，以及久野泰可的经典理论著作《3 岁开始的思维力培养》《聪明育儿的 75 种方法》等等，从实际操作到课程理论完整地呈现在读者面前，希望这一套极富价值并经时间检验极其有效的教育方法走进中国千万家庭，为孩子筑造智慧童年。

魏海波